Inhaltsverzeichnis

Vorwort 4

Übersichtstabelle zu allen Spielen 5

Bewegung in der kalten Jahreszeit 7

1 Abschmücken 8
2 Adventslauf 9
3 Auftauen 10
4 Eisbärendressur 11
5 Geschenkbandringeln 12
6 Hundeschlittenrennen 13
7 Kurzzeitparkplätze in der Weihnachtszeit 14
8 Pack den Schlitten voll 15
9 Rentierlauf 16
10 Schatzsuche im Winter 17
11 Schneeflockenfang 18
12 Sternenfänger 19
13 Tannenbaumkegeln 20
14 Weihnachtstanz 21
15 Wintersport 22
16 Winterzeit 23

Entspannung beim Leuchten in der Dunkelheit 24

17 Die Weihnachtskugel 25
18 Fühlabenteuer im Advent 26
19 Im Mondschein 27
20 Kleiner Eskimo 28
21 Kuschelsäckchen 29
22 Leuchten in der Dunkelheit 30
23 Lichtreise 31
24 Rentierentspannung 32
25 Schneetreiben 33
26 Sternenkind 34
27 Sternenpusten 35
28 Weihnachtshimmel 36

Geschicklichkeit mit Apfel, Nuss und Mandelkern 37

29 Adventspicken 38
30 Adventsstrauch 39
31 Apfellauf 40
32 Bepacktes Rentier 41
33 Geschenketransport 42
34 Glockenspiel 43
35 Knuspermüsli 44
36 Löffelnuss 45
37 Weihnachtsschachbrett 46
38 Weihnachtstüten 47
39 Wirf die Nuss 48
40 Winterhäuschen 49

Mit allen Sinnen durch den Advent 50

41 Adventsaugenblicke 51
42 Adventsmusik 52
43 Eistanz 53
44 Geschenke einpacken 54
45 Geschichte aus dem Säckchen 55
46 Glockenband 56
47 Schneekugel 57
48 Sternenmemory 58

49 Vanille-, Zimt- und Nelkendüfte 59
50 Weihnachtskekssuche 60
51 Weihnachtslandkarte 61
52 Weihnachtslauf 62
53 Winterwald 63

Miteinander spielen im Winter 64

54 Engelserwachen 65
55 Geschenkedomino 66
56 Gutes tun 67
57 Iglu 68
58 Lauf, kleines Rentier 69
59 Rentierreise 70
60 Rentierschatzsuche 71
61 Schneeballwerfen 72
62 Schneeflöckchen 73
63 Schneemänner unter sich 74
64 Sterne am Fenster 75
65 Tannenbaumleiter 76
66 Wachsender Schneemann 77
67 Weihnachtsbaumtransport 78
68 Winterhände warm klatschen 79
69 Wirf mir einen guten Wunsch zu 80

Spielerisch lernen in der Vorweihnachtszeit 81

70 Girlande 82
71 Goldtalerstaffette 83
72 Kekszahlen 84
73 Kerzenmogeln 85
74 Mechanischer Schneemann 86
75 Rund um Weihnachten 87
76 Tannenbaumschmücken 88
77 Tannenzapfenpaare 89
78 Weihnachtswürfeln 90
79 Wichtellauf 91
80 Winterdorf 92
81 Winterzaun 93

Sprechspaß auf zauberhaften Spuren 94

82 Adventskonzert 95
83 Adventspost 96
84 Engelszungen 97
85 Gänsebraten 98
86 Lebkuchenhaustürklinke 99
87 Schneekette 100
88 Schneemannsprache 101
89 Spuren im Schnee 102
90 Sternenfänger 103
91 Weihnachtsfotograf 104
92 Weihnachtsklatschen 105
93 Weihnachtsmann 106
94 Weihnachtswörter 107
95 Zungenbrecher 108

Literaturverzeichnis 109

Vorwort

Liebe pädagogischen Mitarbeiterinnen und Mitarbeiter,

die Adventszeit steht vor der Tür: Im Kindergarten sind Advent und Vorweihnachtszeit eine sehr wichtige Zeit, in der viele Aktionen stattfinden und die Kinder aufregende Augenblicke erleben. Trotzdem entsteht durch zahlreiche Termine und zusätzliche Arbeiten, die in dieser Zeit anfallen, eine ruhelose Betriebsamkeit, die dann sich auf die Kinder überträgt. Und wo bleibt Zeit für die wichtige Schulvorbereitung, die Träger und Eltern immer stärker einfordern?

Nach den Vorgaben einiger Bundesländer in Nord- und Mitteldeutschland sollen Sie keine religiösen Inhalte vermitteln, wenn es sich um einen konfessionslosen Kindergarten handelt. Es kommt hinzu, dass sich die Kindergruppen auch bei den anderen Trägern derart mischen, dass Kinder aus anderen Kulturkreisen Weihnachten gar nicht kennen oder feiern. Oder das Fest hat für einige Familien seine ursprüngliche Bedeutung verloren, spielt vielleicht keine umfassende Rolle mehr, wird aber dennoch mit Bescherung und Tannenbaum gefeiert. Unterstützt werden diese Tendenzen durch die uns allen bekannte Kommerzialisierung von Weihnachten, die bereits im August beginnt.

„Wir machen etwas gemeinsam und haben Zeit für uns in der dunklen Jahreszeit": Wäre das nicht ein schönes Motto für die nächste Adventszeit? Wir bieten Ihnen neue, nicht-religiöse Spielideen (und Materialien), die auf lustige, ungewöhnliche, aber auch besinnliche Art und Weise den eigentlichen Weihnachtsgedanken abwandeln. Wir möchten, dass trotz Eile und Geschäftigkeit diese an sich schöne Zeitspanne durch die vorliegenden Spielideen in andere Bahnen gelenkt wird. Die Spiele sollen für Sie und die Kinder Spaß bringen und der Unruhe und dem Stress der Vorweihnachtszeit entgegenwirken. Für Sie und Ihr Team entsteht dadurch die Gewissheit, dass jedes Kind mitgenommen werden kann und spielerisch wichtige Basiskompetenzen für den Schulstart gezielt gefördert werden – und zwar ganz spielerisch.

Wir haben die einfachen und kostengünstigen Spielideen mit allen wichtigen Förderbereichen zur Schulvorbereitung verknüpft, die oft in der Vorweihnachtszeit zu kurz kommen oder aus Zeitmangel fast gänzlich vernachlässigt werden. Diese sind acht Kategorien mit Erläuterungen zugeordnet. Im Kapitel **Bewegung in der kalten Jahreszeit** stehen Bewegungsförderung und Körperwahrnehmung im Vordergrund. Für den Bereich **Geschicklichkeit mit Apfel, Nuss und Mandelkern** sind Spielideen zur Förderung der Fein- und Grobmotorik sowie und Konzentration ausgeführt. Ganzheitliches Lernen und insbesondere mathematische Frühförderung werden nicht nur in der Rubrik **Spielerisch lernen in der Vorweihnachtszeit** erreicht. Wenn die Kinder **Mit allen Sinnen durch den Advent** gehen, schulen sie ihre Wahrnehmungsfähigkeit. **Miteinander spielen im Winter** fördert soziale und emotionale Kompetenzen und die Bereitschaft zur Kooperation. Das wichtige Thema Sprachförderung wird beim **Sprechspaß auf zauberhaften Spuren** ausgebaut. Die Kinder werden im Kapitel **Entspannung beim Leuchten in der Dunkelheit** an verschiedene Meditationsformen herangeführt. Die vorliegenden Spielideen sind für **drinnen und draußen** vorgesehen und können im Gruppenraum, im Bewegungsraum, in der Turnhalle, auf dem Außenspielgelände oder im Wald umgesetzt werden.

Die Beschreibung der Spiele dient zur schnellen und übersichtlichen Handhabung:

- Der **Spielname** ist kindgerecht, jahreszeitgemäß und motivierend.
- Die **Altersangabe** ist ein Richtwert für Sie als Spielleiterin.
- Die **Gruppengröße** orientiert sich an der üblichen Kinderzahl pro Gruppe im Kindergarten und kann für andere Einsatzmöglichkeiten variiert werden. Die jeweiligen Angaben können für Partner- oder Gruppenarbeit beliebig erweitert werden.
- Die Angaben von **Spielort** und der **Spielzeit** sind Orientierungshilfen für Sie als Spielleiterin.
- Die **Spielidee** umschreibt den pädagogischen Grundgedanken, der bei diesem Spiel besonders zum Tragen kommt. So können Sie zu jeder Situation schnell das passende Spiel auswählen.
- Die pädagogischen Zielsetzungen sind kurz und prägnant in den **Spielzielen** erfasst.
- Die **Spielvoraussetzungen** sind auf einen durchschnittlichen Entwicklungsstand der Kinder zugeschnitten.
- Die **Spielerklärung** ist jeweils die Spielanweisung für die Spielleiterin.
- Die Auflistung des **Spielmaterials** stellt eine gute Unterstützung zur Vorbereitung des Spiels, um den reibungslosen Spielablauf zu gewährleisten.
- Durch die zahlreichen **Spieltipps** bekommen Sie als Spielleiterin Sicherheit und wichtige Gelingensbedingungen vermittelt.
- Weitere Möglichkeiten zur Spielumgestaltung, -erweiterung oder -erneuerung bieten die aufgeführten **Spielvarianten**. Die Spiele sind auch untereinander kombinierbar oder können zu längeren Einheiten zusammengefügt werden.

Die Spielideen und ihre Varianten bieten für Sie auch über die Vorweihnachtszeit hinaus Anregungen und Einfälle für das ganze Jahr.
Das für die Spielideen benötigte Material können Sie als Spielleiterin Material gemeinsam mit den Kindern herstellen und gestalten. Diese Vorgehensweise vermittelt den Kindern nicht nur Erfolgerlebnisse, sondern bewirkt auch, dass sie sich mit dem Spiel identifizieren und deshalb mit dem Spielmaterial im Kindergartenalltag sorgsam umgehen werden. Zusätzlich werden bei den Kindern verschiedene Lernbereiche gefördert und ausgebaut.

Viel Freude bei der Umsetzung der Ideen wünschen
Susanne Hoffmann und Annette Kessler

	Spiele	Die Aktivität ist kostengünstig.	Die Vorbereitungen sind schnell erledigt.	Das Sammeln von Materialien, z. B. Kartons, ist nicht erforderlich.	Es wird kein Material benötigt.
Bewegung in der kalten Jahreszeit					
1	Abschmücken	x	x	x	
2	Adventslauf	x	x	x	
3	Auftauen	x	x	x	x
4	Eisbärendressur	x	x	x	
5	Geschenkbandringeln	x	x		
6	Hundeschlittenrennen	x	x		
7	Kurzzeitparkplätze in der Weihnachtszeit	x	x	x	
8	Pack den Schlitten voll	x	x		
9	Rentierlauf	x	x		x
10	Schatzsuche im Winter	x	x		
11	Schneeflockenfang	x	x	x	x
12	Sternenfänger	x	x	x	
13	Tannenbaumkegeln	x	x		
14	Weihnachtstanz	x	x	x	
15	Wintersport	x	x	x	x
16	Winterzeit	x	x	x	x
Entspannung beim Leuchten in der Dunkelheit					
17	Die Weihnachtskugel	x	x	x	x
18	Fühlabenteuer im Advent	x	x		
19	Im Mondschein	x			
20	Kleiner Eskimo	x	x	x	x
21	Kuschelsäckchen	x		x	
22	Leuchten in der Dunkelheit	x	x	x	
23	Lichtreise	x	x		
24	Rentiermassage	x	x	x	x
25	Schneetreiben	x	x	x	
26	Sternenkind	x	x	x	
27	Sternenpusten	x	x	x	
28	Weihnachtshimmel	x	x	x	
Geschicklichkeit mit Apfel, Nuss und Mandelkern					
29	Adventspicken	x	x	x	
30	Adventsstrauch	x			
31	Apfellauf	x	x		
32	Bepacktes Rentier	x	x		
33	Geschenketransport	x	x		
34	Glockenspiel	x	x		
35	Knuspermüsli				
36	Löffelnuss	x	x		
37	Weihnachtsschachbrett	x	x		
38	Weihnachtstüten	x	x		
39	Wirf die Nuss	x			
40	Winterhäuschen	x	x	x	
Mit allen Sinnen durch den Advent					
41	Adventsaugenblicke	x	x		
42	Adventsmusik	x			
43	Eistanz	x	x	x	
44	Geschenke einpacken	x			
45	Geschichte aus dem Säckchen	x	x		
46	Glockenband	x	x		

47	Schneekugel	x	x	x	
48	Sternenmemory	x			
49	Vanille-, Zimt- und Nelkendüfte				
50	Weihnachtskekssuche	x			
51	Weihnachtslandkarte	x			
52	Weihnachtslauf	x	x	x	x
53	Winterwald	x			

Miteinander spielen im Winter

54	Engelserwachen	x	x	x	
55	Geschenkedomino	x			
56	Gutes tun	x	x	x	
57	Iglu	x	x	x	
58	Lauf, kleines Rentier	x	x		
59	Rentierreise	x	x	x	x
60	Rentierschatzsuche	x			
61	Schneeballwerfen	x	x		
62	Schneeflöckchen	x	x	x	
63	Schneemänner unter sich	x	x	x	x
64	Sterne am Fenster	x	x	x	
65	Tannenbaumleiter	x	x		
66	Wachsender Schneemann	x	x		
67	Weihnachtsbaumtransport	x	x	x	
68	Winterhände warm klatschen	x	x	x	
69	Wirf mir einen guten Wunsch zu	x	x	x	

Spielerisch lernen in der Vorweihnachtszeit

70	Girlande	x	x		
71	Goldtalerstaffette	x	x		
72	Kekszahlen	x			
73	Kerzenmogeln	x			
74	Mechanischer Schneemann	x	x	x	x
75	Rund um Weihnachten	x	x		
76	Tannenbaum schmücken	x	x	x	
77	Tannenzapfenpaare	x			
78	Weihnachtswürfeln	x	x		
79	Wichtellauf	x	x	x	
80	Winterdorf	x	x		
81	Winterzaun	x	x	x	

Sprechspaß auf zauberhaften Spuren

82	Adventskonzert	x	x	x	x
83	Adventspost	x	x	x	x
84	Engelszungen	x			
85	Gänsebraten	x	x	x	x
86	Lebkuchenhaustürklinke	x	x	x	
87	Schneekette	x	x		
88	Schneemannsprache	x	x	x	x
89	Spuren im Schnee	x			
90	Sternenfänger	x	x	x	x
91	Weihnachtsfotograf	x	x		
92	Weihnachtsklatschen	x	x	x	x
93	Weihnachtsmann	x	x	x	
94	Weihnachtswörter	x	x	x	
95	Zungenbrecher	x	x	x	x

In diesem Kapitel sind Spielideen zu finden, die dem Bewegungsdrang der Kinder überwiegend im grobmotorischen Bereich entgegenkommen und gleichzeitig die kognitiven Fähigkeiten stark anregen. Bei ungünstigen Wetterbedingungen sind die Spiele auch in Bewegungsräumen oder Turnhallen durchzuführen. Den Kindern wird hier ermöglicht, ihre Kräfte dosiert einzusetzen, ohne dass der Spielspaß zu kurz kommt. Sozialverhalten, besonders Rücksichtnahme im Umgang mit anderen Kindern, wird gefördert. Diese Aktivitäten bilden Einfühlungsvermögen und Kommunikationsbereitschaft aus. Besonderes Augenmerk liegt auf dem regelgebundenen Spielen.

1 Abschmücken

Alter der Kinder
3 – 6 Jahre

Gruppengröße
Beliebig

Spielort
Im Bewegungsraum oder draußen

Spielzeit
5 – 10 Minuten

Spielmaterial
– eine große Anzahl von Wäscheklammern

Spielidee
Die Kinder erproben durch gezielte Bewegungen, Verzierungen in Form von Wäscheklammern abzuwerfen.

Spielziele
– Schulung des Körperbewusstseins
– Ausbau der Spielfreude

Spielvoraussetzungen
–

> **Spielerklärung**
> Die Spielleiterin verwandelt die Kinder in Weihnachtsbäume. Die Kinder schmücken sich untereinander, indem sie sich gegenseitig möglichst viele Wäscheklammern an die Kleidung stecken. Die Spielleiterin weist darauf hin, dass nach Weihnachten alle Weihnachtsbäume wieder abgeschmückt werden müssen. Sie fordert die Kinder auf, sich ohne Zuhilfenahme der Hände so zu bewegen und zu schütteln, dass möglichst viel „Weihnachtsbaumschmuck" abfällt.

Spieltipp
– Die Spielleiterin weist darauf hin, dass die Wäscheklammern nur an der Kleidung befestigt werden dürfen.

Spielvariante
–

Alter der Kinder
4 – 6 Jahre

Gruppengröße
Beliebig

Spielort
Im Bewegungsraum oder draußen

Spielzeit
10 – 15 Minuten

Spielmaterial
– für jedes Kind zwei gleich große Pappstücke von ca. 30 x 30 cm
– Kreppband

Spielidee
Die Kinder versetzen sich in die Situation, dass sie in der Adventszeit einen Weg bis Weihnachten zurücklegen. Wenn man auf etwas wartet, vergeht die Zeit manchmal nicht so schnell, wie man möchte.

Spielziele
– Förderung im psycho-motorischen Bereich
– Ausbau der manuellen Geschicklichkeit

Spielvoraussetzungen
–

Spielerklärung
Jedes Kind fertigt sich zwei gleich große Pappstücke von ca. 30 x 30 cm, die es frei gestalten kann, z.B. Fußabdrücke, Fußspuren, weihnachtliche Motive. Die Spielleiterin bereitet eine Laufbahn von ca. 6 m Länge vor, bei der Start- und Zielpunkt festgelegt sind. Die Kinder stehen an der Startlinie und halten ihre Pappstücke in den Händen. Ertönt das Startsignal, dann legen sie die erste Pappe vor ihre Füße, treten darauf und legen die zweite Kante an Kante vor das erste Pappstück, worauf sie den zweiten Fuß stellen. Dann heben sie das erste Pappstück wieder auf und legen es vorne an. Dieser Vorgang wiederholt sich bis zur Ziellinie. Nicht erlaubt sind das Hüpfen oder Schieben der Pappstücke.

Spieltipp
– Damit die Pappstücke auf glattem Untergrund nicht zu stark rutschen und die Unfallgefahr ausgeschlossen wird, können kleine Gummistücke unter die Pappen geklebt werden.

Spielvariante
– Man darf nur mit einem Fuß auf einer Pappe stehen, dann ist immer ein Bein in der Luft.

Alter der Kinder
4 – 6 Jahre

Gruppengröße
Beliebig groß, ungerade Anzahl von Kindern

Spielort
Im Bewegungsraum oder draußen

Spielzeit
10 – 15 Minuten

Spielmaterial
–

Spielidee
Die Aufmerksamkeit der Kinder steht hier im Vordergrund, sie müssen auf Zuzwinkern reaktionsschnell ihren Platz wechseln bzw. ihre Mitspieler daran hindern, dieses zu tun. Dabei ist Krafteinteilung gefragt.

Spielziele
– Förderung von reaktionsschnellem Handeln
– Ausbildung des Regelverständnisses

Spielvoraussetzungen
–

Spielerklärung
Die Kinder stehen paarweise hintereinander im Kreis. Ein Kind hat keinen Partner. Die Spielleiterin erläutert, dass die Kinder durch die Winterkälte eingefroren sind. Aufgrund der Kälte gefällt es allen besonders gut, einen Partner zu haben. Deshalb versucht das Kind ohne Partner durch Zuzwinkern eines der innen stehenden Kinder aufzutauen, um schnell zu ihm herüberzulaufen. Bemerkt ein außen stehendes Kind diesen Blickkontakt, darf es seinen Partner festhalten und so daran hindern, seinen Platz zu wechseln. Wenn es dieses nicht bemerkt, hat es seinen Partner verloren und kommt in die Rolle, sich einen neuen Partner durch Blinzeln zu erobern. Das Spiel wird so lange gespielt, bis möglichst alle Kinder einmal an der Reihe waren.

Spieltipp
– Die Spielleiterin weist die Kinder auf den dosierten Krafteinsatz hin.

Spielvariante
– Das Spiel läuft ca. 8 Minuten, dann werden die Rollen der innen und außen stehenden Kinder gewechselt.

Alter der Kinder
3 – 6 Jahre

Gruppengröße
Beliebig

Spielort
Im Bewegungsraum oder draußen

Spielzeit
10 – 15 Minuten

Spielmaterial
– Mehrere Stühle
– Verkleidung für den Eisbärendompteur

Spielidee
Die Kinder lernen in einem angemessenen Maß Führen und Folgen, indem fantasievoll und spielerisch an die Tierdressur herangeführt werden.

Spielziele
– Förderung der Bereitschaft, Interesse und Bedürfnisse zu artikulieren
– Ausbau der Fähigkeit, Ordnungen und Regeln anzuerkennen

Spielvoraussetzungen
–

Spielerklärung
Die Spielleiterin fordert die Kinder auf, mehrere Stühle an eine beliebige Position in den Raum zu stellen. Dann verwandelt sie alle Kinder bis auf eins in Eisbären. Das übrige Kind übernimmt die Rolle des Eisbärendompteurs. Die Kinder krabbeln als Eisbären über die Stühle. Der Dompteur darf den Eisbären Aufgaben stellen:
– In die Eishöhlen schicken (unter die Stühle krabbeln)
– Pfote heben
– Sich aufrichten
– Auf ein Kommando brüllen
– In einer Reihenfolge auf weit auseinander gestellte Stühle steigen
– Gemeinsam fressen
Auf ein Signal wird ein neuer Dompteur gewählt.

Spieltipps
– Die Spielleiterin unterstützt ggf. den Dompteur in seiner Rolle.
– Der Dompteur darf sich auch andere Aufgaben ausdenken.

Spielvariante
– Diese Spielidee kann zu einem Weihnachtszirkus erweitert werden.

5 Geschenkbandringel

Alter der Kinder
3 – 6 Jahre

Gruppengröße
Paarweise

Spielort
Im Bewegungsraum oder draußen

Spielzeit
5 – 10 Minuten

Spielmaterial
– Pro Kinderpaar ca. 3 – 4 cm breites Geschenkband in einer Länge von ca. 1,50 m

Spielidee
Die Kinder verwenden ein zur Weihnachtszeit benötigtes Material, um durch geschicktes Agieren mit einem Partner ihre Körperkoordination und Beweglichkeit zu steigern.

Spielziele
– Schulung der Reaktionsschnelligkeit
– Sensibilisierung für geschicktes Taktieren

Spielvoraussetzungen
–

Spielerklärung
Jedes Kinderpaar bekommt ein Geschenkband und wählt aus, welches Kind in der ersten Runde das Geschenkband ringelt. Dazu fasst das Kind das Band an einem Ende und schlängelt dieses auf der Erde schnell hin und her. Das andere Kind versucht das Geschenkband zu treffen, indem es mit dem Fuß auf dieses tritt. Hat es das geschafft, werden die Rollen getauscht.

Spieltipp
– Die Spielleiterin weist auf die Schwierigkeiten beim Verpacken von Geschenken hin, z.B. geringeltes Geschenkband, Knotenbildung im Band.

Spielvariante
– Es können anstelle von Geschenkbändern Springseile verwendet werden.

 **Alter der Kinder**
3 – 6 Jahre

 Gruppengröße
Beliebig

 Spielort
Im Bewegungsraum

 Spielzeit
5 – 10 Minuten

 Spielmaterial
– pro Kinderpaar eine Teppichfliese und ein Seil

 Spielidee
Die Kinder schulen ihren Krafteinsatz und erproben gleichzeitig die Gesetze der Schwerkraft. Sorgfältig muss die Rücksichtnahme auf andere Kinderpaare beachtet werden.

 Spielziele
– Schulung der Koordination in Bezug auf Krafteinsatz und Schwerkraft
– Förderung der Rücksichtnahme im Verhalten zu anderen Personen

⟹ **Spielvoraussetzungen**
–

Spielerklärung
Die Spielleiterin bittet die Kinder, sich paarweise zusammenzufinden. Ein Kind pro Paar wird in einen Schlittenhund (ausgestattet mit einem Seil als Hundegeschirr), das andere in einen Schlittenführer (versehen mit einer Teppichfliese, mit dem Faserschicht nach unten, als Schlitten) verwandelt. Nach einer Proberunde und einem Rollentausch werden kleine Schlittenhunderennen veranstaltet, bei denen kein Schlitten den anderen berühren darf.

 Spieltipp
– Die Spielleiterin achtet darauf, dass ungefähr gleich starke Kinder Paare bilden.

 Spielvariante
–

7 Kurzzeitparkplätze in der Weihnachtszeit

Alter der Kinder
3 – 6 Jahre

Gruppengröße
10 – 12 Kinder

Spielort
In einem größeren Raum oder draußen

Spielzeit
5 – 10 Minuten

Spielmaterial
– mehrere Gymnastikreifen aus Plastik oder Holz

Spielidee
Die Kinder reagieren auf ein Kommando und stellen sich flexibel immer wieder auf neue Situationen ein, die beim „Kurzzeitparken in der Weihnachtszeit" entstehen.

Spielziele
– Förderung der Raumerfahrung
– Ausbau der Koordinationsfähigkeit

⟶ **Spielvoraussetzungen**
–

Spielerklärung
Die Spielleiterin verteilt einige Reifen im Raum und erläutert den Kindern, dass diese „Kurzzeitparkplätze zur Weihnachtszeit" darstellen. Die Kinder laufen durch den Raum. Die Spielleiterin regelt als Polizistin den Verkehr auf dem Parkplatz. Sie bestimmt die Schnelligkeit der Autos mit den Kommandos „1. Gang", „2. Gang", „3. Gang", „4. Gang" oder „Rückwärtsgang". Wenn Autos sich ausruhen müssen, dürfen sie auf dem Kurzzeitparkplatz parken. Diesen müssen sie wieder verlassen, wenn ein weiterer Autofahrer im Weihnachtsstress auf diesem Parkplatz parken möchte.

Spieltipp
– Die Rolle des Polizisten kann auch von einem anderen Kind übernommen werden.

Spielvariante
–

Alter der Kinder
3 – 6 Jahre

Gruppengröße
In Mannschaften von 5 – 6 Kindern

Spielort
Im Bewegungsraum oder draußen

Spielzeit
15 – 20 Minuten

Spielmaterial
– Jutesäcke, Holzkästen, Kartons jeweils mit unterschiedlich schweren Inhalten
– Pro Mannschaft einen Schlitten

Spielidee
Bei dieser Spielidee kommt der Krafteinsatz beim Bepacken eines ungewöhnlichen Fortbewegungsmittels, dem Schlitten, zum Tragen. Die Kinder überlegen sich Techniken zum effektiven Stapeln der Gepäckstücke und lernen Gesetze der Schwerkraft kennen.

Spielziele
– Förderung des räumlichen Denkens
– Training der Fein- und Grobmotorik
– Ausbau der Sozialkompetenz

Spielvoraussetzungen
–

Spielerklärung
Die Spielleiterin bereitet pro teilnehmender Mannschaft mit den Kindern einen Schlitten und entsprechende Gepäckstücke vor. Sie achtet darauf, dass schwerere und leichtere Gegenstände vorhanden sind. Die Kinder werden in Mannschaften von 5 – 6 Kindern eingeteilt. Die Aufgabe der Gruppen besteht darin, möglichst viele Gepäckstücke aus dem gemeinsamen Pool so auf den Schlitten zu laden, dass keines herunterfällt. Das Spiel ist beendet, wenn keine Gegenstände mehr im Pool vorhanden sind. Anschließend muss mit dem beladenen Schlitten eine kurze Strecke möglichst vorsichtig zurückgelegt werden.

Spieltipp
– Die Spielleiterin legt vor Spielbeginn fest, dass die Kinder der verschiedenen Gruppen sich die
  Gegenstände nur nacheinander aus dem Pool nehmen dürfen.

Spielvarianten
– Wenn keine Schlitten vorhanden sind, wird eine Fläche markiert, auf die die Gepäckstücke gestapelt
  werden sollen.
– Die Mannschaften können nach Absprache untereinander Gepäckstücke tauschen, wenn der Pool leer ist.

9 Rentierlauf

Alter der Kinder
3 – 6 Jahre

Gruppengröße
4 – 12 Kinder, Anzahl durch 4 teilbar

Spielort
Drinnen und draußen

Spielzeit
10 – 15 Minuten

Spielmaterial
–

Spielidee
Unterschiedlichste Bewegungen und rhythmisches Sprechen werden von den Kindern gleichzeitig bewältigt. Die Konzentration muss trotz der Ablenkung durch die Gruppe auf das Kind selbst und seine eigene Gruppe fixiert bleiben. Der Spielverlauf ähnelt einem Kanon, da die Nachahmung einer Bewegung nur innerhalb einer Gruppe erfolgt.

Spielziele
– Erhöhung der Aufmerksamkeitsspanne
– Erweiterte Sorgfalt im Darstellen

Spielvoraussetzungen
–

Spielerklärung
Die Spielleiterin übt mit den Vierergruppen kurz das rhythmische Sprechen der Aussage „Rentier, Rentier, lauf, lauf, lauf", welches immer wieder hintereinander im Spiel vorkommt. Die Spieler in den Vierergruppen werden von 1 bis 4 durchnummeriert, bleiben aber zusammen in einer Reihe stehen. Zu Anfang einer Spielrunde fängt die Spielleiterin mit einer Bewegung an, z.B. tippt sie sich an die Stirn. Alle Spieler mit der Nummer 1 müssen diese Bewegung im ganzen Spiel nachahmen, während die restliche Kindergruppe rhythmisch spricht. Als nächstes zeigt die Spielleiterin eine Bewegung für die Spieler mit der Nummer 2, z.B. eine Fratze schneiden. Alle Spieler mit der Nummer 1 fahren mit ihrer Bewegung fort, die Spieler mit der Nummer 2 schneiden eine Fratze. Bei einer weiteren Wiederholung hopst die Spielleiterin, als Bewegung für die Spieler mit der Nummer 3, auf der Stelle. Während die ersten beiden Gruppen beim Sprechen ihre Bewegungen machen, fangen die Spieler mit der Nummer 3 an zu hüpfen. Die Spieler mit der Nummer 4 fassen sich immer wieder an ihre rechten Ohren.

Spieltipp
–

Spielvariante
– Wenn die Spieler sich an den Rhythmus gewöhnt haben, wird die Spielidee erschwert, indem Bewegungen häufiger gewechselt werden.

Alter der Kinder
3 – 6 Jahre

Gruppengröße
Beliebig

Spielort
Im Bewegungsraum

Spielzeit
15 – 30 Minuten

Spielmaterial
– Kleinsportgeräte wie Matten, Bänke, Kastenteile, Bälle, Teppichfliesen usw.
– Korb mit getrockneten Früchten

Spielidee
Die Kinder erleben eine Schatzsuche in einem Parcours aus Geräten, der zu verschiedenen Bewegungsabläufen anregt. Eine Geschichte verhilft den Kindern zur Motivation, sich in die Rolle bei einer Winterschatzsuche zu versetzen.

Spielziele
– Förderung des Körperbewusstseins
– Ausbau des Neugierverhaltens

Spielvoraussetzungen
–

Spielerklärung

Die Spielleiterin hat im Vorfeld einen Bewegungsparcours aus Kleinsportgeräten aufgebaut, in dem die Kinder klettern, kriechen, balancieren und hüpfen können. Zusätzlich können Bälle gerollt werden. Sie erzählt den Kindern eine Mitmachgeschichte, in der Wintermäuse die Hauptrolle spielen.

Spieltext

Eine besondere Sorte Mäuse ist an einem kalten Wintermorgen gemeinsam auf Futtersuche gegangen. Nach einer langen Wanderung durch den Winterwald (Kastenteile und Matten, die als Tunnel aufgebaut sind) finden sie statt Körnern nur glänzende Steine, an denen sie sich die Zähne ausbeißen. Der Mäuseanführer fordert die Wintermäuse auf, sich hinter den großen schneebedeckten Bergen (eine Matte an Ringen befestigt, Kästen zum Darüberklettern) auf die Suche nach Weichfutter zu machen. Trotz intensiver Suche finden die Wintermäuse nur trockenes Stroh. Eine Wintermaus hat so einen Hunger, dass sie am liebsten eine große Portion Mäuseschokolade verspeisen möchte. Als sie meint, endlich ein großes Stück gefunden zu haben, beißt sie hinein und bekommt Zahnweh, da sie auf ein Stück Holz gebissen hat. Ihr Mäusefreund will sie ablenken und möchte mit ihr eine Schneekugel (Bälle in ein vorbereitetes Tor) um die Wette rollen. Die Mäuse ziehen erschöpft weiter und kommen an das Ufer eines brei-ten Flusses, auf dem Eisschollen treiben. Die Mäuse müssen über diesen gefährlichen Fluss, finden eine zwar rutschige, aber stabile Brücke (umgedrehte Bank zum Balancieren). In kleinen Mäuseschritten und hintereinander, ohne eine Maus zu verlieren, wagen sich die Wintermäuse über die Brücke. Als sie erleichtert das andere Ufer erreichen, sehen sie einen Höhleneingang. Auch hier hat sich viel Schmelz- und Schneewasser vor der Höhle gesammelt. Die Mäuse müssen von Stein zu Stein hüpfen, um in die schützende Höhle zu gelangen (Teppichfliesen zum Hüpfen). Der Mäuseanführer untersucht schnuppernd die Höhle und wittert einen Schatz. Er ruft die anderen Wintermäuse schnell herbei und bittet sie, ihm bei der Schatzsuche zu helfen. Hinter einem großen Felsen finden sie einen geflochtenen Korb mit Wintermäusefutter (getrocknete Früchte für die Kinder). Die Wintermäuse verspeisen ihren Schatz in Windeseile und freuen sich so sehr, dass sie gemeinsam tanzen.

Spieltipp
– Ideen der Kinder werden mit in die Geschichte eingebunden.

Spielvariante
– Die Kinder denken sich vorher eine eigene Geschichte aus und kündigen an, welche Sportgeräte eingesetzt werden sollen.

11 Schneeflockenfang

Alter der Kinder
3 – 6 Jahre

Gruppengröße
Beliebig

Spielort
Im Bewegungsraum oder draußen

Spielzeit
5 – 10 Minuten

Spielmaterial
–

Spielidee
Die Kinder nehmen die Rolle einer Schneeflocke an und versuchen, sich diese Wetterlage spielerisch zu erschließen. Bewegung und Spielspaß stehen dabei im Vordergrund.

Spielziele
– Schulung der Ausdauer und des Durchhaltevermögens
– Förderung der Kooperationsfähigkeit

Spielvoraussetzungen
–

Spielerklärung
Die Spielleiterin teilt die Kinder in zwei Gruppen. Die eine Kindergruppe verwandelt sich in Schneeflocken, die anderen Kinder wollen die Schneeflocken auffangen. Dazu fassen sie sich an den Händen und bilden ein „Schneeflockennetz", das an einer Stelle eine Öffnung hat. Werden die Schneeflocken nun vom Wind umhergetragen, können sie so im „Schneeflockennetz" gefangen werden, wenn es sich zum Kreis schließt. Jede gefangene Schneeflocke wird Mitglied des „Schneeflockennetzes".

Spieltipp
–

Spielvariante
–

Alter der Kinder
5 – 6 Jahre

Gruppengröße
6 – 8 Kinder

Spielort
Im Bewegungsraum oder draußen

Spielzeit
10 Minuten

Spielmaterial
– Kreppband oder Kreide

Spielidee
Dieses Spiel vermittelt den Kindern ein Gemeinschaftserlebnis in Kleingruppen, bei dem das Spannungsfeld zwischen Miteinander und Gegeneinander ausgelebt werden kann. Die Kinder entwickeln im Laufe des Spiels Taktik und Strategie für den eigenen Erfolg.

Spielziele
– Förderung der Grobmotorik und Bewegungsfreude
– Ausbau des dosierten Krafteinsatzes

Spielvoraussetzungen
–

Spielerklärung
Die Spielleiterin klebt oder zeichnet einen Stern mit dem Durchmesser von ca. 80 cm auf den Boden. Die Kinder werden gebeten, sich in der Kleingruppe um den Stern herumzustellen und sich an den Händen zu fassen. Auf ein Startkommando bewegen sich die Kinder so, dass ein oder mehrere Kinder in die Lage gebracht werden, in den Stern zu treten. Das Kind, das im Spielverlauf in den Stern kommt, scheidet aus und kann erst in der nächsten Runde wieder mitspielen. Das Spiel geht so lange, bis im besten Fall ein Kind übrig bleibt. Dann wird die nächste Runde mit allen Kindern wieder neu begonnen.

Spieltipps
– Die Auswahl der Kinder für die Kleingruppen sollte so getätigt werden, dass die einzelnen Kinder vom Entwicklungsstand im senso-motorischen Bereich die gleichen Voraussetzungen mitbringen.
– Die Kinder werden angeregt, ihre Kräfte so zu dosieren, dass kein anderes Kind verletzt wird.
– Die Spielleiterin ernennt die ausgeschiedenen Kinder zu Linienrichtern.
– Bei einem zu langen Spielverlauf entscheidet die Spielleiterin angemessen, dass es auch einmal mehrere Sternenfänger geben kann.

Spielvarianten
– Die Kinder denken sich selbst Formen aus, die sie aufkleben bzw. aufmalen.
– Wenn mehr als 5 Kinder ausgeschieden sind, starten diese mit einem zweiten Stern eine neue Runde und spielen parallel.

Alter der Kinder
5 – 6 Jahre

Gruppengröße
8 – 12 Kinder

Spielort
Im Bewegungsraum, in einem langen Flur oder draußen

Spielzeit
10 – 15 Minuten

Spielmaterial
– 9 Plastikflaschen, die als Tannenbäume bemalt oder beklebt sind
– 1 Gummiball
– Klebeband
– Plakat, Stift

Spielidee
Bei diesem regelgebundenen Spiel steht Teamfähigkeit gepaart mit Zielsicherheit im Vordergrund. Gleichzeitig lernen die Kinder, mit Misserfolgserlebnissen umzugehen.

Spielziele
– Förderung der Teamfähigkeit
– Training der Grobmotorik
– Entwicklung von Mengenverständnis

Spielvoraussetzungen
– Ballgefühl

Spielerklärung
Die Spielleiterin gestaltet gemeinsam mit einigen Kindern neun Plastikflaschen als Tannenbäume. Im vorgesehenen Raum wird eine ca. 6 m lange Bahn mit Klebestreifen markiert. Am Ende der Bahn werden die Kegel tannenbaumartig aufgestellt. Die Kinder werden in zwei Mannschaften eingeteilt. Abwechselnd rollen die Kinder den Ball so auf die Kegeln zu, dass möglichst viele Plastikflaschen umfallen. Nach jedem Durchgang werden die getroffenen Kegel als Punkte notiert und wieder aufgestellt. Wenn jede Mannschaft einen Durchgang absolviert hat, ist das Spiel zu Ende, die erreichten Punkte werden addiert und bekannt gegeben.

Spieltipps
– Die Notierung der Punkte erfolgte zur anschaulicheren Visualisierung mit Strichen auf einem Plakat.
– Ältere Kinder können in die Addition eingebunden werden.
– Zur Erleichterung der Ballführung werden anstelle von Klebestreifen Kissen oder Matten als Begrenzung der Kegelbahn verwendet.

Spielvariante
– Bei dieser schwierigen Variante werden die Kegel nicht nach jeder Runde wieder aufgestellt, es wird solange gekegelt, bis alle umgefallen sind.

Alter der Kinder
4 – 6 Jahre

Gruppengröße
Beliebig

Spielort
Im Raum oder draußen

Spielzeit
10 Minuten

Spielmaterial
– Gymnastikstäbe

Spielidee
Zu zweit stellen sich die Kinder einer bestimmten Aufgabe, die mit etwas Übung zu einem gelungenen Weihnachtstanz werden kann.

Spielziele
– Förderung der Körperkoordination
– Ausbau von Rücksichtnahme

⇒ **Spielvoraussetzungen**
–

Spielerklärung
Die Kinder bilden Paare. Ein Kind bekommt die Helferrolle und hält den Gymnastikstab senkrecht ungefähr auf Augenhöhe des anderen Kindes. Das zweite Kind fasst mit der rechten Hand oben an den Stab und dreht sich unter dem Arm durch, ohne niederzuknien oder die Hand loszulassen.
Nach drei Durchgängen werden die Rollen gewechselt.

Spieltipp
– Nach ein paar Probedurchgängen kann Musik eingesetzt werden.

Spielvariante
–

15 Wintersport

Alter der Kinder
3 – 6 Jahre

Gruppengröße
Beliebig

Spielort
Im Bewegungsraum

Spielzeit
10 Minuten

Spielmaterial
– Eine Bank
– CD-Player, CD mit weihnachtlicher Musik

Spielidee
Die Spielidee beinhaltet, dass die Kinder verschiedene Kommandos schnell in gezielte Bewegungen umsetzen.

Spielziele
– Schulung der Körperbeweglichkeit
– Sicherheit im pantomimischen Darstellen

Spielvoraussetzungen
–

Spielerklärung
Die Spielleiterin vermittelt den Kindern die Kommandos und die dazu gehörigen Bewegungsabläufe:
– Schlitten: Die Kinder setzen sich rittlings auf eine Bank.
– Schneeball: Die Kinder formen mit den Händen einen erdachten Schneeball.
– Schlittschuh: Die Kinder ahmen Eislaufen nach.
– Schneemann: Die Kinder rollen eine imaginäre Schneekugel und bauen einen Schneemann.
Die Kinder bewegen sich zur Musik frei im Raum. Wenn die Musik stoppt, ruft die Spielleiterin ein Kommando, die Kinder führen die passende Bewegung dazu aus.

Spieltipp
– Die Spielleiterin nennt, mit zunehmender Sicherheit der Kinder, die Kommandos schnell hintereinander.

Spielvariante
– Die Kinder denken sich selbst vier verschiedene Kommandos aus.

Alter der Kinder
3 – 6 Jahre

Gruppengröße
Beliebig

Spielort
Drinnen oder draußen, mit Bewegungsfreiheit

Spielzeit
10 Minuten

Spielmaterial
–

Spielidee
Begriffe aus der Winterzeit werden mit gezielten Handlungen verknüpft. Ein Kind in der Mitte hat eine herausragende Rolle, weil es einerseits einen Platz im Kreis bekommen möchte, anderseits über die Kindergruppe bestimmen kann.

Spielziele
– Annahme und Verinnerlichung der zugeordneten Rolle
– Förderung der Reaktionsschnelligkeit

Spielvoraussetzungen
–

Spielerklärung
Alle Kinder sitzen im Kreis auf Stühlen oder Sitzkissen. Es ist ein Platz weniger vorgesehen, als es Mitspieler sind. Die Spielleiterin ordnet den Kindern folgende vier Begriffe zu: Schlitten, Handschuhe, Stiefel, Schnee. Wenn das Kind, das in die Mitte steht, eines der vorgegebenen Begriffe ruft, wechseln die entsprechenden Kinder schnell ihren Platz. Das Kind aus der Mitte versucht ebenfalls einen Platz zu erlangen. Bei dem Begriff „Winterzeit" wechseln alle Kinder ihre Plätze. Wenn das Kind in der Mitte keinen Platz bekommt, spielt es in dieser Position weiter. Die Spielleiterin beendet das Spiel, bevor die Kinder die Motivation verlieren.

Spieltipps
– Die Spielleiterin weist vorab auf bestimmte Regeln hin, z.B. vorsichtiger Umgang miteinander.
– Wenn das Spiel im Stehkreis gespielt wird, ist es sinnvoll, Markierungen festzulegen.

Spielvarianten
– Die Kinder stellen mit der Spielleiterin selbst neue Begriffe zusammen.
– Es sind zwei Kinder in der Mitte, die einen Platz suchen, dann müssen im Kinderkreis zwei Plätze weniger vorgesehen werden.

Entspannung beim Leuchten in der Dunkelheit

Die Kinder kommen in dieser hektischen Zeit einmal zur Ruhe. Sie entwickeln Sensibilität für Licht und Dunkelheit und verknüpfen diese Erlebnisse mit naturbedingten Gegebenheiten der Winterzeit. Sie lernen verschiedene Meditationsformen kennen und werden an unterschiedliche Meditationstechniken herangeführt. Die visuelle Vorstellungskraft und das Überraschungserleben werden durch die angebotenen Spieltexte und verwendeten Materialien angeregt. Die Kinder lernen einen sachgerechten und vorsichtigen Umgang mit den Medien, die der Entspannungsmethode angepasst sind. Sie nehmen Körperkontakt zu anderen auf, lassen diesen aber auch bei sich zu.

Alter der Kinder
3 – 6 Jahre

Gruppengröße
Beliebig

Spielort
Im Bewegungsraum oder draußen

Spielzeit
10 Minuten

Spielmaterial
– Spieltext

Spielidee
Die Kinder hören der Geschichte konzentriert zu und führen vorgegebene gezielte Bewegungen an entsprechender Stelle der Geschichte aus.

Spielziele
– Erweiterung der Konzentrationsspanne
– Ausbau der Darstellungsfähigkeit

Spielvoraussetzungen
–

Spielerklärung
Die Spielleiterin erklärt den Kindern, dass bei der gleich erzählten Geschichte drei Wörter eine besondere Bedeutung haben. Bei dem Wort „Kind" stellen die Kinder sich bequem hin. Bei dem Wort „Tannenbaum" stellen sie sich auf Zehenspitzen, strecken die Arme hoch und machen sich groß. Bei dem Wort „Weihnachtskugel" machen sie sich ganz klein, indem sie in die Hocke gehen.

Spieltext
Es gab einmal vor langer Zeit, als es noch nicht so viele **Kinder** auf der Welt gab, einen **Tannenbaum** und eine **Weihnachtskugel**. Die beiden waren enge Freunde. Die **Weihnachtskugel** hing am rechten äußeren Zweig des **Tannenbaums**. Eines Tages lockerte sich die Befestigung der **Weihnachtskugel** und sie fiel vom **Tannenbaum** herab zu Boden. Ganz aufgeregt unterhielten sie sich miteinander, wie die **Weihnachtskugel** wieder an den **Tannenbaum** gelangen könnte. Sie fanden keine Lösung. Plötzlich kam ein **Kind** am **Tannenbaum** vorbei und bestaunte seinen Schmuck. Es sah auf dem Boden die **Weihnachtskugel**, nahm sie hoch und schaute sie genau an.

Der **Tannenbaum** warnte die Kugel: „Pass auf, dass das **Kind** dich nicht mitnimmt!" Das **Kind** steckte die **Weihnachtskugel** in seine Tasche, um diese am nächsten Tag seinem Vater zu zeigen. Der Vater sah sofort, dass die Befestigung der **Weihnachtskugel** zu reparieren war. Diese Arbeit fiel ihm ganz leicht. Das **Kind** brachte die **Weihnachtskugel** am nächsten Tag stolz zum **Tannenbaum** zurück und sorgte dafür, dass die **Weihnachtskugel** wieder ganz fest am **Tannenbaum** befestigt wurde. Der **Tannenbaum** war überglücklich und die **Weihnachtskugel** leuchtete vor lauter Freude die ganze Adventszeit.

Spieltipp
–

Spielvariante
– Die Kinder denken sich selbst eine Geschichte aus oder verändern das Ende der vorgegebenen.

18 Fühlabenteuer im Advent

Alter der Kinder
3 – 6 Jahre

Gruppengröße
4 – 6

Spielort
Drinnen

Spielzeit
10 Minuten

Spielmaterial

– Eine Fühlkiste
– Eine kleine Auswahl von weihnachtlichen Gegenständen, die sich zum Erfühlen eignen: Plüschstern,
  Ausstechformen, Weihnachtsschmuck aus Holz oder Stroh, Tannenbaumgirlanden, Kerzen, verpacktes
  Geschenk, Glocke, Holzkrippenfiguren

Spielidee
Die Kinder erleben eine Verbindung zwischen genauem Hinsehen und dem anschließenden
Wiedererkennen durch Fühlen. Ganz nebenbei wird bei dieser Spielidee der Wortschatz erweitert.

Spielziele
– Ausbau der haptischen Wahrnehmung
– Förderung der Ausdrucksfähigkeit

Spielvoraussetzungen
–

Spielerklärung
Die Spielleiterin bereitet eine Fühlkiste mit einigen Gegenständen vor und bittet die Kinder
zusätzlich, ihnen vertraute adventliche Gegenstände mitzubringen. Alle Mitspieler sitzen im Kreis.
Die Spielleiterin bereitet die Kinder auf ein kleines Fühlabenteuer vor. Die Kinder werden
aufgefordert, ihren Gegenstand genau anzusehen und den anderen Kindern zu beschreiben, wie er
sich anfühlt. Dann fordert die Spielleiterin dazu auf, alle Gegenstände in die Fühlkiste zu legen.
Sie weist darauf hin, dass sich zusätzlich noch weitere adventliche Fühlsachen in der Kiste befinden.
Sie mischt die Gegenstände durch. Der Reihe nach versuchen die Kinder mit geschlossenen Augen,
ihren Gegenstand wiederzufinden.

Spieltipps
– Die Spielleiterin achtet darauf, dass die Menge der Gegenstände dem Entwicklungsstand der Kinder
  angepasst ist.
– Als Vorbereitung auf die gestellte Aufgabe werden die Kinder bereits im Kreis dazu aufgefordert,
  die Augen zu schließen, wenn sie ihren eigenen Gegenstand beschreiben.
– Bei jüngeren Kindern sollten alle verwendeten Gegenstände vorab besprochen werden.

Spielvariante
–

Alter der Kinder
3 – 6 Jahre

Gruppengröße
12 – 15 Kinder

Spielort
Im Bewegungsraum oder draußen

Spielzeit
15 – 20 Minuten

Spielmaterial
– Eine große Menge feines Sägemehl in einem großen Behälter
– Folie
– Bänke
– Evtl. Steine oder dickere Holzäste zum Befestigen der Folie
– Pro Kind ein Pappstück in DIN A3-Größe

Spielidee
Die Kinder erfahren den Umgang mit einem für sie ungewöhnlichen, aber kostengünstigen Material. Sie erproben sich allein und in der Gemeinschaft.

Spielziele
– Ausbau der manuellen Geschicklichkeit und Handhabung von ungewöhnlichen Materialien
– Förderung der Rücksichtnahme im Verhältnis zu anderen Personen

Spielvoraussetzungen
– Kinder ohne Holzstauballergie

Spielerklärung

Die Spielleiterin breitet mit den Kindern eine große feste Folie auf dem Boden aus. Im Bewegungsraum dienen die vorhandenen Bänke als Befestigungselemente, im Wald werden Steine oder dicke Äste dafür genutzt. Sie sensibilisiert die Kinder für Erlebnisse im Mondschein, indem sie mögliche Umrisse von Bäumen oder Tieren bespricht. Jedes Kind bekommt ein festes Pappstück in DIN A3-Größe und nimmt sich aus dem Behälter eine Hand voll Sägemehl. Es versucht durch langsames Streuen auf der Pappe ein Bild entstehen zu lassen.

In einer zweiten Spielphase tragen die Kinder ihre Pappen zum Behälter und schütten das verwendete Sägemehl vorsichtig zurück. Nun soll ein Gemeinschaftsbild direkt auf der Folie entstehen. Die Spielleiterin lenkt das geführte Gespräch zur Einteilung und Gestaltung der Landschaft. Die Kinder streuen nacheinander ihre Motive aus und warten auf den Bänken, um das Gemeinschaftsbild gemeinsam zu begutachten.

Spieltipp
–

Spielvariante
– Jedes Kind hat einen Klecks Kleister auf seiner Pappe und kann ein bleibendes Werk mit dem Sägemehl schaffen.

20 Kleiner Eskimo

Alter der Kinder
4 – 6 Jahre

Gruppengröße
Beliebig viele Paare

Spielort
Im Bewegungsraum, möglichst reizarm

Spielzeit
10 Minuten

Spielmaterial
–

Spielidee
Während die Kinder sich in die Rolle der Eskimokinder versetzen, üben sie kleine Massageanteile als Vorstufe einer Meditationsübung. Durch das Agieren mit dem Partner entwickeln sie Spielspaß, aber auch Sensibilität für Körperkontakt.

Spielziele
– Förderung der Sensibilität
– Entwicklung von Sorgfalt im Umsetzen der angesagten Handlungsweisen

Spielvoraussetzungen
–

Spielerklärung
Die Spielleiterin bittet die Kinder, sich zu zwei hintereinander aufzustellen. Sie erklärt den Kindern die Vorgehensweise: Sie liest die Geschichte, die jeweils hinten stehenden Kinder führen auf Anweisung die passenden Massagebewegungen auf dem Rücken des jeweils vorderen Kindes aus. In einer zweiten Erzählrunde werden die Rollen getauscht.

Spieltext
Kleiner Eskimo
(Handlungen der Kinder sind kursiv gedruckt.)
Keno ist ein mutiger Eskimojunge. Er ist der ganze Stolz seiner Eltern. *Handflächen ruhig und fest auf die Schultern des Kindes legen.* Fröhlich wie eine kleine Seerobbe springt Keno von Eisscholle zu Eisscholle. *Mit beiden Händen auf dem Rücken springen.* Er spielt Verstecken mit seinem Freund Gröni. Ob Gröni sich hinter dem Eisberg versteckt hat? Der kleine Eskimo kriecht um den Berg herum. *Kräftig mit den Fingerspitzen über Rücken und Arme fahren.* Hoffentlich findet Keno seinen Freund, bevor der Schneesturm beginnt. Am Himmel stehen bereits große Sturmwolken, der Wind pustet heftig. *Die Arme des Vordermannes ausbreiten und mit ihm hin und her schwingen.* Schon fallen die ersten Schneeflocken vom Himmel. *Mit den Fingern leicht über den Rücken wippen.* O je, der Schneesturm wird stärker und stärker. Wie aus einem Federkissen fallen die Schneeflocken jetzt vom Himmel. *Mit*

kräftigen Strichen von den Schultern den Rücken hinabfahren. Es donnert. *Handfläche auf die Schulterblätter legen und sanft rütteln.* Blitze zucken am Himmel. *Blitze auf den Rücken zeichnen.* Jetzt muss sich Keno aber schnell einen sicheren Unterschlupf suchen. Hier ist eine Eishöhle. Keno schlüpft hinein und lehnt sich an die Höhlenwand. *An den Hintermann anlehnen, der Hintermann fasst seitlich die Schultern und hält sie fest.* Aber was ist das? Was kitzelt denn da so? *Den Vordermann durchkitzeln.* Ach, das ist ja Gröni, er hat sich auch hier in der Höhle vor dem Schneesturm in Sicherheit gebracht. Die beiden Freunde warten, bis sich der Schneesturm verzogen hat. Dann schlüpfen sie aus der Höhle und sehen die Eiskristalle blitzen. *Sanftes Streicheln über Arme, Rücken und Kopf.* Gut gelaunt stehen die beiden Eskimos vor der Eishöhle. *Mit den Kinder zusammen aufstehen.* Sie recken und strecken sich. *Dehnen.* Und dann laufen sie so schnell sie können nach Hause. *Auf der Stelle laufen.*

Spieltipp
– Die Spielleiterin ermöglicht den vorne stehenden Kindern eine Rückmeldung an die massierenden Kinder.

Spielvariante
– Die Geschichte kann vom Inhalt den Bedürfnissen der Kinder angepasst werden.

Alter der Kinder
3 – 6 Jahre

Gruppengröße
6 – 10 Kinder, paarweise

Spielort
Im Bewegungsraum, möglichst reizarm

Spielzeit
5 – 10 Minuten

Spielmaterial
– eine große Anzahl von selbst genähten Säckchen aus Plüschstoff, gefüllt mit getrockneten Bohnen
– CD-Spieler mit meditativer Musik

Spielidee
Die Kinder werden in ihrer Wahrnehmung geschult. Zum einen üben sie sich in Behutsamkeit, wenn sie die Kuschelsäckchen auf dem Körper des Partners ablegen. Zum anderen steuern die Kinder die Anzahl der Kuschelsäckchen auf ihrem Körper und deren Position.

Spielziele
– Ausbau des Schwere- und Leichtigkeitsempfindens
– Schulung der Rücksichtnahme im Verhalten zu anderen Personen

Spielvoraussetzungen
–

Spielerklärung
Die Spielleiterin näht und füllt im Vorfeld des Spiels die entsprechende Anzahl der Kuschelsäckchen. Die Kinder bilden Paare. Ein Kind legt sich bäuchlings auf die Erde, das andere Kind legt nacheinander auf Ansage des liegenden Kindes Kuschelsäckchen so auf dem Körper ab, dass diese nicht herunterfallen können. Das liegende Kind bestimmt, wie viele Säckchen es auf seinem Körper haben möchte bzw. wie lange es liegen mag. Anschließend werden die Säckchen vorsichtig wieder entfernt.
Nun werden die Rollen getauscht.

Nach Abschluss des Spiels wird mit den Kindern in einer gemeinsamen Runde über Schwere- und Leichtigkeitsempfinden gesprochen.

Spieltipp
– Die Kinder werden aufgefordert, das liegende Kind vorab zu fragen, ob es auf dem Kopf auch ein oder mehrere Kuschelsäckchen platziert haben möchte.

Spielvariante
–

22 Leuchten in der Dunkelheit

Alter der Kinder
4 – 6 Jahre

Gruppengröße
Beliebig

Spielort
Im abgedunkelten Bewegungsraum

Spielzeit
10 Minuten

Spielmaterial
– eine Taschenlampe pro Gruppe

Spielidee
Ein erspürtes Motiv wird ohne Sprechen weitergegeben. Am Endergebnis sollen mögliche, durch andere Kinder unbewusst vorgenommene Veränderungen erkannt werden.

Spielziele
– Ausbau der manuellen Geschicklichkeit
– Schulung der Sicherheit in der Realisierung von Bilddarstellungen

⇒ **Spielvoraussetzungen**
–

> **Spielerklärung**
> Die Spielleiterin teilt die Kinder in mehrere Gruppen von ca. sechs Kindern ein. Die Kindergruppen sitzen in einer Reihe so hintereinander, dass sie den Rücken des vor ihnen sitzenden Kindes erreichen können. Das letzte Kind malt seinem Vordermann den Umriss eines weihnachtlichen Motivs mit einem Finger auf den Rücken, z.B. Tannenbaum, Stern, Kerze, Schlitten. Das Zeichen wird jeweils auf diese Art weitergegeben. Das Kind, welches vorne sitzt, malt das Zeichen, das bei ihm angekommen ist, mit dem Lichtkegel einer Taschenlampe an die Wand. Die Spielleiterin fragt das letzte Kind, ob es dieses Zeichen abgeschickt hat. Es entsteht ein Gespräch über mögliche Veränderungen.

Spieltipp
– Die Kinder üben paarweise das Zeichnen auf dem Handrücken des anderen Kindes.

Spielvariante
–

Alter der Kinder
3 – 6 Jahre

Gruppengröße
Beliebig

Spielort
Im Bewegungsraum

Spielzeit
10 – 20 Minuten

Spielmaterial
– pro Kind ein Kerzenglas, ein Teelicht
– ein Rollbrett von ca. 40 x 50 cm mit einer nicht-rutschenden Oberfläche
– ein Stabfeuerzeug
– CD-Spieler, CD mit weihnachtlicher Musik
– Eine weihnachtliche Geschichte

Spielidee
Die Kinder werden für warmes Licht und Kerzenschein sowie meditative Momente in der Adventzeit sensibilisiert. Gleichzeitig werden die damit verbunden Gefahren ins Gedächtnis gerufen.

Spielziele
– Förderung der Meditationsfähigkeit
– Ausbau der Kooperationsfähigkeit

Spielvoraussetzungen
–

> **Spielerklärung**
> Im verdunkelten Raum bittet die Spielleiterin die Kinder, sich im Kreis einen Platz zu suchen. Je nach vorhandenen Absprachen können die Kinder alleine oder mit Unterstützung ihr Teelicht im Glas anzünden. Die Spielleiterin stellt dazu meditative Musik an. Das erste Kind stellt sein Kerzenglas auf das Rollbrett ab und schickt das Rollbrett sehr vorsichtig zu einem anderen vorher benannten Kind. So werden alle Lichter nach und nach eingesammelt. Anschließend positioniert die Spielleiterin das Rollbrett in die Kreismitte und beginnt eine weihnachtliche (Reise-)Geschichte zu erzählen.

Spieltipp
– Die Spielleiterin bespricht vor dem Spiel noch einmal die Regeln und Gefahren beim Umgang mit dem Feuer.

Spielvariante
– Die Lichtreise findet nach bestimmten Kriterien statt:
  • nach Geburtstagsmonaten
  • nach Alter
  • nach Körpergröße.

Alter der Kinder
3 – 6 Jahre

Gruppengröße
Beliebig viele Paare

Spielort
Im Bewegungsraum, möglichst reizarm

Spielzeit
15 Minuten

Spielmaterial
–

Spielidee
Während die Kinder die Geschichte hören, setzen sie das Gehörte in Bewegung um. In Partnerarbeit kommen sie sich näher und lernen Rücksicht zu nehmen sowie ihre Kraft dosiert einzusetzen.

Spielziele
– Förderung der Darstellungsfähigkeit
– Einlassen auf Entspannungssituationen
– Training der Konzentrationsfähigkeit
– Entwicklung von Einfühlungsvermögen

Spielvoraussetzungen
–

Spielerklärung
Die Spielleiterin bereitet den Raum vor. Sie erläutert den Kindern, dass nun eine ruhige Entspannungsübung mit gegenseitiger Massage stattfinden wird. Je nach Spieltext agieren die Kinder. Die Kinder geben ihrem Partner eine Rückmeldung über die „Rentiermassage".

Spieltext
Das kleine Rentier Tore liegt auf seinem Moosbett und schläft ganz tief und fest (Kinder begeben sich in Liegeposition). Langsam taucht der Mond über den verschneiten Bergspitzen auf und das kleine Rentier fängt an, sich zu recken und zu strecken (Kinder ahmen Streckbewegungen nach). Es steht auf und schaut im Mondlicht herum (Kinder stehen auf und suchen einen Partner). Es weckt seinen Freund (Kinder klopfen sich gegenseitig auf die Schulter) und sie beschließen eine Nachtwanderung auf den kleinen Berg zu machen. Weil sie beide noch ein bisschen verspannt sind, massieren sie sich den Rücken (Kinder massieren sich vorsichtig wechselseitig den Rücken). Das mag das kleine Rentier Tore besonders gerne, weil sein Freund so weiche Hufe hat. Dann machen sich beide auf und gehen zum Bach. Dort trinken sie ein wenig Quellwasser und gehen weiter zum Futterhügel (Kinder bleiben liegen und ahmen Fress- und Trinkbewegungen mit den Händen nach). Als sie beide dort gefressen haben, legen sie sich unter den Sternenhimmel und reiben sich die Bäuche (Kinder streicheln sich vorsichtig über die Bäuche). Dann gehen sie weiter (Kinder machen mit den Händen auf dem Rücken des Partners Laufbewegungen) und kommen an einen Wald, durch den kein gerader Weg führt (Kinder malen eine geschwungene Linie auf den Rücken). Sie müssen kreuz und quer laufen, durch Büsche kriechen und über Baumstämme springen (Kinder machen Zick-Zack- und Klopfbewegungen). Plötzlich merken beide, dass der Weg nicht mehr weiterführt (Kinder stellen mit den Händen ein Wegende dar). Das kleine Rentier Tore fängt an zu weinen und sein Freund streichelt sanft über seinen Kopf (Kinder streicheln sich gegenseitig über den Kopf). Plötzlich kommt ein Hase vorbei (Kinder machen Hüpfbewegungen auf dem Rücken des Partners). Er will ihnen den Weg zeigen. Dabei genießen sie die sternenklare Nacht. Als sie den Berg hinunter gehen, rutschen sie ein wenig auf dem feuchten Moos aus (Kinder machen Rutschbewegungen mit den Fingern), freuen sich aber, dass sie wieder in vertrautes Gebiet kommen. Als sie wieder zu Hause in ihrem Waldstück angekommen, legen sich sofort wieder auf ihr Moosbett, recken sich noch einmal ganz ordentlich (Kinder recken sich) und sind, ohne sich vom Hasen richtig zu verabschieden, sofort eingeschlafen. Der Hase ist aber ebenfalls müde geworden und kuschelt sich neben Tore (Kinder kuscheln sich aneinander und ahmen Schlafstellungen nach).

Spieltipps
– Wenn die Geschichte zu Ende ist, werden die Kinder dazu angeregt, nach Belieben ein Bild zu malen.

Spielvariante – Die Geschichte kann vom Inhalt den Bedürfnissen der Kinder angepasst werden.

Alter der Kinder
4 – 6 Jahre

Gruppengröße
In Dreiergruppen

Spielort
Im Bewegungsraum

Spielzeit
10 Minuten

Spielmaterial
– Weiße Federn
– Pro Gruppe ein Seidentuch in der Größe mind. 90 x 90 cm und eine Schale

Spielidee
Die Kinder erleben, wie sie in einer Kleingruppe mit ungewöhnlichem Material zusammenagieren und ihre Rollen wechseln können.

Spielziele
– Ausbau der manuellen Geschicklichkeit und Handhabung von ungewöhnlichen Materialien
– Förderung der Rücksichtnahme im Verhältnis zu anderen Personen

Spielvoraussetzungen
–

Spielerklärung
Die Spielleiterin bittet die Kinder, sich in Dreiergruppen aufzuteilen. Sie verteilt pro Kindergruppe ein Seidentuch und ca. zehn Federn. Zwei Kinder der Kleingruppe werden aufgefordert, das Seidentuch zwischen sich zu halten, sodass in einer Mulde Federn aufgefangen werden können. Das dritte Kind versucht, die Federn in das Tuch zu werfen. In einem zweiten Schritt erfolgt der Spielvorgang umgekehrt, indem das Tuch ruckartig straff gezogen wird und die Federn, wie bei einem Schneetreiben, hochfliegen. Das dritte Kind fängt die Federn mit der Schale auf. Anschließend können die Rollen getauscht werden. Am Ende der Spielzeit legen sich alle Kinder auf den Rücken, schließen die Augen und fühlen, wie das Schneetreiben, ausgeführt durch die Spielleiterin oder ein freiwilliges Kind, auf sie hernieder fällt.

Spieltipp
– Die Spielleiterin kann den Kindern in einer vorausgehenden Spielphase das erste Experimentieren mit den Federn ermöglichen.

Spielvariante
–

Alter der Kinder
3 – 6 Jahre

Gruppengröße
Beliebig

Spielort
Im Bewegungsraum

Spielzeit
10 – 15 Minuten

Spielmaterial
– Sterne aus fester Pappe

Spielidee

Die Kinder sammeln Körpererfahrungen beim Balancieren von Pappsternen auf verschiedenen Körperteilen. Durch den Einsatz von meditativer Musik wird der Entspannungsmoment in der manchmal aufregenden oder hektischen Adventszeit als Impuls eingesetzt.

Spielziele

– Ausbau der Meditationsfähigkeit
– Förderung der Balancierfähigkeit

Spielvoraussetzungen

–

Spielerklärung
Die Spielleiterin schneidet im Vorfeld aus dicker Pappe eine große Anzahl unterschiedlich großer Sterne aus. Die Kinder nehmen sich einen Stern und verteilen sich im Raum. Wenn die Entspannungsmusik erklingt, wählen sie aus, auf welchem Körperteil sie diesen durch den Raum balancieren. Beim Musikstopp zeigt jedes Kind seine Methode, den Stern zu transportieren. In der nächsten Runde werden die Kinder aufgefordert, andere Vorgehensweisen zum Balancieren des Sternes nachzuahmen. Im weiteren Verlauf können sich die Kinder mehrere Sterne nehmen und gleichzeitig transportieren. Zum Schluss werden alle Sterne im Raum zu einer großen Sternschnuppe zusammengelegt.

Spieltipps

– Die Spielleiterin leitet die Kinder an, den Umriss einer großen Sternschnuppe auf ein großes Plakat zu malen.

Spielvariante

– Die Kinder werfen ihre Sterne am Ende des Spiels in ein aufgespanntes Tuch.
– Andere Symbole, z.B. Tannenbäume, oder Gegenstände aus der Vorweihnachtszeit, z.B. Tannenzapfen, können verwendet werden.

Alter der Kinder
3 – 6 Jahre

Gruppengröße
Beliebig

Spielort
Drinnen

Spielzeit
10 Minuten

Spielmaterial
– Sterne aus Seidenpapier geschnitten

Spielidee
Kinder erleben Sterne am Himmel, bei dieser Spielidee pusten sie selbst die Sterne in die Luft. Dabei machen sie neue Materialerfahrungen als Erlebnis in der Gemeinschaft. Je mehr Sterne in der Luft sind, desto schöner sieht es aus.

Spielziele
– Training des gezielten Atemeinsatzes
– Förderung der Rücksichtnahme im Verhalten zu anderen Kindern

Spielvoraussetzungen
–

> **Spielerklärung**
> Die Spielleiterin schneidet mit den Kindern aus farbigem Seidenpapier Sterne mit 4 – 5 cm Durchmesser aus. Die Kinder verteilen sich im Raum und bekommen jeweils einen Stern auf die Handfläche gelegt. Sie werden aufgefordert, mit ihrer Atemluft den Stern lange in der Schwebe zu halten. Der Einsatz der Hände soll dabei möglichst vermieden werden. Als Abschluss der Spielrunde pusten alle Kinder ihre Sterne gleichzeitig bei Entspannungsmusik in die Luft.

Spieltipps
– Die Spielleiterin macht das Sternenpusten einmal vor.
– Einige Reservesterne sind erforderlich.
– Ein Elternnachmittag kann mit Sternenpusten bei meditativer Musik stimmungsvoll eingeleitet werden.

Spielvarianten
– Die Kinder schneiden sich die Sterne selbst aus.
– Anstelle von Sternen werden Schneeflocken ausgeschnitten.

Alter der Kinder
3 – 6 Jahre

Gruppengröße
Beliebig

Spielort
Drinnen

Spielzeit
10 Minuten

Spielmaterial
– Strohhalme in verschiedenen Farben (keine Halme zum Abknicken), pro Kind ca. 10 Strohhalme
– Meditationsmusik, CD-Player

Spielidee
Kinder machen eine neue Materialerfahrung und bauen dabei ihre Kreativität aus, indem gemeinsam sie einen Weihnachtshimmel gestalten. Der Weihnachtshimmel entsteht in einer meditativen Atmosphäre.

Spielziele
– Ausbau der Kreativität
– Wertschätzung der Arbeit anderer

Spielvoraussetzungen
–

Spielerklärung
Die Spielleiterin besorgt im Vorfeld die entsprechende Anzahl farbiger Strohhalme und verteilt diese an die Kinder. Sie leitet folgende Spielphasen ein, während die Musik läuft. Das Zeichen zum Beenden einer Phase und dem Beginn einer neuen ist ein kurzer Musikstopp.
    1. Phase: Die Kinder gehen mit ihren Strohhalmen durch den Raum.
    2. Phase: In der Mitte des Raumes soll der Weihnachtshimmel entstehen. Dazu werden die Kinder
            aufgefordert, ihre Halme zu einem Stern zusammenzulegen.
    3. Phase: Alle Kinder gehen um die Sterne herum und bewundern das gemeinsam entstandene
            Bild eines Sternenhimmels.
Am Ende des Spiels reflektiert die Spielleiterin mit den Kindern.

Spieltipp
– Die Spielleiterin weist die Kinder darauf hin, sich vorsichtig zu bewegen.

Spielvariante
– Die Kinder legen jeweils nur einen Halm hin und ergänzen beim Herumgehen die Sterne der anderen Kinder.

Geschicklichkeit mit Apfel, Nuss und Mandelkern

Die Kinder bauen ihre feinmotorischen Fähigkeiten aus, besonders die Auge-Hand-Koordination und manuelle Geschicklichkeit werden geschult. Sie erhöhen ihre Wahrnehmung zum Körperbewusstsein. Sensibilität für jahreszeitlich vorhandene Früchte und andere Nahrungsmittel sowie ihre Verwendung wird entwickelt. Gleichzeitig erlangen sie kognitive Fähigkeiten, indem sie ihr Wissen durch Kennenlernen und Zuordnung von adventlichen Materialien erweitern. Dadurch wird eine Verknüpfung zum späteren schulischen Lernen erreicht. Durch die Auswahl der Spiele wird außerdem die Konzentrationsspanne erhöht. Durch die Herstellung verschiedenster Spielmaterialien wird eine Selbstwertsteigerung für die Kinder herbeigeführt.

Alter der Kinder
4 – 6 Jahre

Gruppengröße
Beliebig

Spielort
Im Raum

Spielzeit
15 Minuten

Spielmaterial

– Pro Kind zwei Schälchen
– kleine Filzsterne
– Stecknadeln

Spielidee
Neben der Geschicklichkeit wird bei dieser Spielidee die Geduld der Kinder gefördert, wenn sie nach und nach kleine Gegenstände mit einem Hilfsmittel von einer Schale in die andere transportieren müssen.

Spielziele
– Förderung der Feinmotorik
– Ausbau der Konzentrationsspanne

Spielvoraussetzungen
–

> **Spielerklärung**
> Die Spielleiterin stellt für jedes mitspielende Kind zwei Schälchen zur Verfügung, ein Schälchen ist mit dreißig Filzsternen gefüllt, das andere ist leer. Mit Hilfe einer Stecknadel sollen nun die Sterne von einer Schale in die andere transportiert werden.

Spieltipp
–

Spielvarianten
– Die Kinder spielen paarweise und erhalten die doppelte Anzahl von Filzsternen.
– Die Kinder schätzen, wie viele Sterne sie aus einer großen Anzahl in einer bestimmten Zeit transportieren können.

Alter der Kinder
4 – 6 Jahre

Gruppengröße
6 – 10 Mitspieler

Spielort
In einem größeren Raum

Spielzeit
20 – 30 Minuten

Spielmaterial

– Eine große Pappe
– Großes Bild von einem Adventsstrauß mit Behang, das von den Kindern selbst gemalt wird
– Stifte oder Wasserfarben mit Pinseln
– Scheren
– Kleber
– CD-Player, CD mit weihnachtlicher Musik

Spielidee
Die Kinder stellen ihr Spielmaterial, in diesem Fall ein Puzzle, in Großformat selbst her und erleben eine Gemeinschaftsaktion beim Zusammenfügen der Teile.

Spielziele
– Förderung der Fantasie und Kreativität
– Ausbau der räumlichen Wahrnehmung

Spielvoraussetzungen
–

Spielerklärung
Die Spielleiterin bereitet eine große Pappe vor und regt die Kinder an, auf einem großen Papier einen Adventsstrauß zu malen. Das Papier wird mit den Kindern gemeinsam auf die Pappe geklebt und in größere, der Kinderzahl angepasste Puzzleteile zerschnitten. Die Kinder gehen mit Musik durch den Raum. Wenn die Musik stoppt, werden sie aufgefordert, das Puzzle auf dem Fußboden zu einem Bild zu legen.

Spieltipps
– Die Spielleiterin lenkt das Anmalen und Zerschneiden des Bildes.
– Ideen der Kinder können, auch bezogen auf das Motto des Bildes, von vornherein berücksichtigt werden.

Spielvariante
– Bei einer kleineren Kindergruppe und je einem großen Puzzleteil pro Kind können die Kinder ihr Bild im Stehen vertikal zusammenhalten.
– Auch andere Motive sind bei dieser Spielidee denkbar, z.B. Weihnachtslandschaft, Tannenbaum, Sternenhimmel.

Alter der Kinder
5 – 6 Jahre

Gruppengröße
5 – 6 Kinder

Spielort
Im Bewegungsraum oder draußen

Spielzeit
10 Minuten

Spielmaterial
– Holzstab oder dicker Ast, an dem ein Apfel aus Pappe befestigt ist
– Eimer mit Sand zum Hineinstecken
– Augenbinden nach Anzahl der teilnehmenden Kinder

Spielidee
Bei dieser Spielidee kommen räumliche Vorstellungskraft, Konzentration und Mut zusammen, wenn ein Kind einen vorgegebenen Weg blind abschätzen muss.

Spielziele
– Förderung des Einschätzens von Entfernungen
– Ausbau des Selbstvertrauens

Spielvoraussetzungen
– Mut zum Agieren mit verbundenen Augen

Spielerklärung
Die Spielleiterin bereitet mit den Kindern einen Holzstab mit angeklebtem Pappapfel vor, steckt diesen in einen Eimer mit Sand und stellt ihn an das Ende einer markierten Spielfläche von 7 Metern. Sie zählt gemeinsam mit den Kindern genau ab, wie viele Schritte es von dem Apfel zur Randmarkierung sind. Die Kinder bekommen die Augen verbunden und versuchen blind zum Apfel zu wandern. Nach der erforderlichen Schrittzahl bleiben die Kinder stehen und nehmen die Tücher ab. Welches Kind dem Apfel am nächsten ist, hat gewonnen.

Spieltipp
–

Spielvariante
– Die Kinder stehen am Rand des Spielfeldes und schätzen vor Spielanfang, wie viele Schritte sie benötigen, um den Apfel zu erreichen.

Alter der Kinder
4 – 6 Jahre

Gruppengröße
6 – 10 Mitspieler

Spielort
In einem größeren Raum

Spielzeit
10 – 15 Minuten

Spielmaterial
– Bierdeckel

Spielidee
Die Kinder werden sensibilisiert, ihren Körper so zu bewegen, dass kleine aufgeladene Lasten nicht herunterfallen.

Spielziele
– Schulung der Grobmotorik
– Steigerung der Geschicklichkeit

Spielvoraussetzungen
–

Spielerklärung
Die Spielleiterin erklärt den Kindern das Rentier als Nutztier in skandinavischen Ländern. Ein Kind übernimmt die Rolle des Rentieres und nimmt den Vierfüßlerstand ein. Die anderen Kinder legen ihm vorsichtig viele Bierdeckel einzeln auf den Rücken. Das Rentier muss nun voll beladen auf allen Vieren einen Parcours durch den Raum zurücklegen, ohne sein Last zu verlieren.

Spieltipp
– Andere Gegenstände oder Bohnensäckchen können als Last genutzt werden.

Spielvariante
–

Alter der Kinder
3 – 6 Jahre

Gruppengröße
Beliebig

Spielort
Im Bewegungsraum

Spielzeit
10 – 15 Minuten

Spielmaterial
– Für jedes Kind einen Gymnastikreifen
– Nüsse, weihnachtliche Holzsymbole, größere Zimtstangen, einzeln verpackte Äpfel oder Mandarinen, kleine selbst verpackte Schachteln mit Schleifenband

Spielidee
Die Beweglichkeit der Füße und Zehen wird mit dieser Spielidee in den Mittelpunkt gerückt, indem für die Zeit passende Gegenstände auf ungewöhnliche Weise transportiert werden.

Spielziele
– Förderung der Koordinationsfähigkeit
– Schulung der Raumerfassung

Spielvoraussetzungen
–

Spielerklärung
Die Spielleiterin ermuntert die Kinder, Schuhe und Strümpfe auszuziehen und verteilt an jedes Kind einen Gymnastikreifen als Haus. Die Kinder werden gebeten, einen Platz im Raum für ihr Haus zu finden. Die Spielleiterin positioniert die oben genannten Materialien in ausreichender Menge in einer Ecke des Raumes und fordert die Kinder auf, mit den Füßen ausgewählte Gegenstände in ihr Haus zu transportieren. Die Kinder entscheiden selbst, ob sie sich auf ihren Po setzen und mit beiden Füßen den Gegenstand halten. Oder ob sie diesen auf einem Fuß balancieren oder mit den Zehen greifen.

Spieltipp
– Die Spielleiterin bespricht und erprobt mit den Kindern die verschiedenen Transportmöglichkeiten.

Spielvarianten
– Die Kinder legen ihre Reifen nebeneinander und geben die Gegenstände in einer Kette weiter.
– Es werden andere Transportmöglichkeiten erprobt, z.B. auf dem Kopf, auf dem Rücken.

Alter der Kinder
5 – 6 Jahre

Gruppengröße
4 – 6 Mitspieler

Spielort
Im Werkraum

Spielzeit
10 – 20 Minuten

Spielmaterial
– Vorbereitete Holzstücke in Glockenform, ca. 10 x 10 cm aus Weichholz in der Stärke von 10 – 15 mm
– Schmirgelpapier
– Stiftnägel mit Kopf in der Stärke 20 – 25 mm
– Hammer
– Farbige Wolle

Spielidee
Die Kinder sammeln Erfahrungen im werkschaffenden Bereich durch den Umgang mit Holz, Hammer und Nägeln sowie Wolle. Die selbst hergestellten Werkstücke können als Spielmaterial für Rollenspiele oder auch Regelspiele genutzt werden.

Spielziele
– Ausbau der Feinmotorik
– Anregung der Kreativität

Spielvoraussetzungen
– Erste Werkzeugerfahrungen mit Hammer und Nagel

Spielerklärung
Die Spielleiterin sägt im Vorfeld aus dem Holz eine entsprechende Anzahl von Glockenrohlingen aus. Sie bittet die Kinder, die Rohlinge zu schmirgeln, damit kein Holzsplitter Verletzungen beim Spielen erzeugen kann. Sie regt die Kinder an, an die Außenkante der Glocke Nägel einzuschlagen. Anschließend verzieren die Kinder ihre Glocken, indem sie Wollfäden um die Nägel winden.

Spieltipp
– Die Spielleiterin achtet auf die richtige Handhabung der Werkzeuge.

Spielvariante
– Auch andere weihnachtliche Formen sind denkbar.

Alter der Kinder
4 – 6 Jahre

Gruppengröße
Beliebig

Spielort
Beliebig

Spielzeit
10 Minuten

Spielmaterial

– Knuspermüslizutaten, siehe Rezept
– Zugebundene Knuspermüslitüten in Anzahl der beteiligten Kinder
– Leine, Wäscheklammern, Softball

Spielidee

Die Kinder stellen etwas Leckeres passend zur Weihnachtszeit her, bei dem der Aspekt der gesunden Ernährung besonders berücksichtigt wird. Durch die sich anschließende Spielaktion werden die Kinder auf den gemeinsamen Verzehr des Knuspermüslis aktiv vorbereitet.

Spielziele
– Ausbau der Zielgenauigkeit   – Erweiterung des Selbstvertrauens durch ein Erfolgserlebnis

Spielvoraussetzungen
–

Spielerklärung
Die Kinder stellen gemeinsam mit der Spielleiterin das Knuspermüsli gemäß Rezept her. Nach der Abkühlphase wird das Müsli in Tüten verpackt, zugebunden und an einer Leine mit Wäscheklammern aufgehängt. Die Kinder werden aufgefordert, mit einem Softball ein Tütchen abzuwerfen. Wenn ihnen dieses gelingt, können sie das Tütchen von der Leine abnehmen. Wenn die Kinder nicht getroffen haben, haben die Kinder die Möglichkeit, sich ein Helferkind zu suchen. Die Spielleiterin kann auch anbieten, den Abstand zur Wäscheleine zu verringern. Nach der Spielzeit kann ein gemeinsames Frühstück stattfinden.

Spieltext

Rezept für ein Knuspermüsli für ca. 8 Tütchen
6 Tassen grobe Haferflocken
½ halbe Tasse brauner Zucker
1 Tasse Kokosflocken
½ Tasse gehackte Walnüsse und Mandeln
1 Tasse Öl
1 Tasse Rosinen

Alle Zutaten (außer den Rosinen) werden in eine Fettpfanne gegeben und verteilt. Bei 180 Grad wird das Knuspermüsli 20 – 25 Minuten im Backofen geröstet. Nachdem das Müsli abgekühlt ist, können die Rosinen hinzugefügt werden.

Spieltipps

– Die Spielleiterin achtet darauf, dass Kinder mit hoher Treffsicherheit zum Schluss an die Reihe kommen.
– Der Abstand zum Werfen wird je nach Entwicklungsstand der Kinder gewählt.
– Die Zutaten für das Müslirezept können abgewandelt werden, falls Kinder Allergien haben.
– Weihnachtliche Gewürze können nach Belieben hinzugefügt werden.

Spielvarianten

– Die Müslitüten können im Raum versteckt und von den Kindern gesucht werden.
– Ein willkommenes Geschenk für die Eltern kann ebenfalls aus dieser Spielidee abgeleitet werden.

Alter der Kinder
4 – 6 Jahre

Gruppengröße
Paarweise

Spielort
Beliebig

Spielzeit
5 – 10 Minuten

Spielmaterial
– Vier Esslöffel
– Walnüsse

Spielidee
Die Kinder erproben mit beiden Händen und einem Hilfsmittel unterschiedliche Tätigkeiten: Während mit der einen Hand die Nuss auf dem Löffel gehalten werden muss, gilt es mit der anderen Hand, die Nuss vom Partner zu übernehmen.

Spielziele
– Ausbau der Feinmotorik
– Förderung der Koordinationsfähigkeit

Spielvoraussetzungen
–

Spielerklärung
Die Kinder stehen sich paarweise gegenüber und halten in jeder Hand einen Esslöffel. Auf dem Löffel in der linken Hand liegt eine Walnuss, der andere Löffel ist leer. Der rechte Löffel hilft, die Nuss des Spielpartners für kurze Zeit zu übernehmen. Gleichzeitig soll die Nuss vom linken Löffel nicht hinunterfallen. Danach wird die Nuss zurück an den Partner gegeben. Das andere Kind ist nun an der Reihe und versucht die gleiche Handlung.

Spieltipps
– Die Spielleiterin plant eine Proberunde ein.
– Sie achtet darauf, dass evtl. Kinder, die Linkshänder sind, gegengleich agieren müssen.

Spielvariante
– Die Kinder arbeiten gleichzeitig und versuchen sich die Nüsse abzunehmen.
  Dafür ist eine Markierungslinie von Vorteil.

37 Weihnachts-schachbrett

Alter der Kinder
4 – 6 Jahre

Gruppengröße
3 – 6 Mitspieler

Spielort
Am Tisch

Spielzeit
15 – 20 Minuten

Spielmaterial

– Ein Schachbrett
– Kleine Gegenstände, wie z.B. Nüsse, kleine Geschenkpäckchen, Gewürzstücken, Sterne
– Kopien mit abgedrucktem Schachbrettmuster
– Stifte

Spielidee
Die Kinder beobachten etwas und sollen sich Positionen auf einer Spielfläche merken. Anschließend zeichnen sie das Beobachtete aus der Erinnerung auf.

Spielziele
– Förderung der Merkfähigkeit
– Ausbau der räumlichen Wahrnehmung

Spielvoraussetzungen
–

Spielerklärung

Die Spielleiterin kopiert im Vorfeld das Schachbrett in entsprechender Anzahl für die Kinder.
Sie platziert auf dem Originalschachbrett kleine weihnachtliche Gegenstände. Die Kinder bekommen die Aufgabe, sich die Positionen der Gegenstände innerhalb eines kurzen Zeitraumes von 1 Minute zu merken. Danach wird das Schachbrett mit einem Tuch abgedeckt. Die Kinder erhalten die Kopien, sie sollen die Gegenstände mit der entsprechenden Position in Umrissen auf ihr Arbeitsblatt malen. Anschließend wird das Tuch wieder vom Schachbrett heruntergenommen und die Ergebnisse verglichen. Wenn die Kinder möchten, können sie ihre Zeichnungen ausmalen.

Spieltipp
– Die Spielleiterin steigert allmählich den Schwierigkeitsgrad, indem sie mehr Gegenstände verwendet.

Spielvariante
– Die Kinder übernehmen die Rolle der Spielleiterin.

Alter der Kinder
4 – 6 Jahre

Gruppengröße
5 – 6 Kinder

Spielort
Beliebig

Spielzeit
10 Minuten

Spielmaterial

– Leere mittelgroße Brötchentüten aus Papier mit Bändern zum Zubinden und Aufhängen
– Augenbinde
– Eine ca. 10 m lange Wäscheleine

Spielidee
Die Herausforderung besteht darin, mit geschlossenen Augen eine Aufgabe zu bewältigen, die mit einem lauten Geräusch enden soll. Der Spielspaß wird durch das Ansinnen, die Brötchentüte möglichst zum Zerplatzen zu bringen, gesteigert.

Spielziele
– Förderung der räumlichen Vorstellungskraft
– Ausbau des Risikobereitschaft

Spielvoraussetzungen
– Keine Angst vor Geräuschen

Spielerklärung
Die Spielleiterin sammelt im Vorfeld leere Brötchentüten. Sie spannt mit den Kindern eine Leine auf Höhe der Kinderköpfe durch den Raum. Die Kinder pusten die Tüten auf und verschließen diese mit einem Band. Diese aufgepusteten Tüten werden an der Wäscheleine befestigt. Von einer Markierungslinie geht jeweils ein Kind mit verbundenen Augen auf die Wäscheleine zu und hat drei Versuche, eine Tüte durch Zusammenschlagen der Hände zum Platzen zu bringen. Das nächste Kind versucht sich ebenfalls. Die verbleibenden aufgepusteten Tüten können nach Spielende gemeinsam ohne Augenbinden zum Platzen gebracht werden.

Spieltipp
– Die Kinder sollten in das Sammeln der Tüten einbezogen werden.

Spielvariante
– Die Kinder experimentieren mit weiteren gesammelten Tüten in unterschiedlichen Größen.

Alter der Kinder
4 – 6 Jahre

Gruppengröße
4 – 5 Kinder

Spielort
Beliebig

Spielzeit
10 – 15 Minuten

Spielmaterial

– Ein selbst gebautes Papphaus, winterlich dekoriert
– Haselnüsse
– Notizzettel, Stifte
– Klebeband

Spielidee

Bei dieser Spielidee steht die Geschicklichkeit beim Zielwerfen im Vordergrund. Die Spieler erkennen Zusammenhänge zwischen dem erzielten Treffer und der Punktzahl. Ältere Kinder können ihre Treffer selbst notieren.

Spielziele
– Ausbau der manuellen Geschicklichkeit
– Förderung der Assoziationsfähigkeit

Spielvoraussetzungen
–

Spielerklärung
Die Spielleiterin stellt für die Kindergruppe aus einem Karton von ca. 60 x 40 cm ein winterlich gestaltetes Papphaus mit Fenster- und Türöffnungen sowie einem Schornstein her. Für einen Treffer durch die Tür bekommt man 2 Punkte, trifft man durch das Fenster, sind es 5 Punkte und wird in den Schornstein getroffen, gibt es 10 Punkte. Das Haus wird aufgestellt und in ca. 2–3 Metern Entfernung wird eine Markierungslinie gesetzt. Die Kinder bekommen pro Spielrunde 3 Haselnüsse und versuchen diese in eine der Öffnungen zu werfen oder zu rollen. Die Kinder notieren möglichst allein ihre erzielten Punkte, die nach ca. 4 Runden addiert werden. Anschließend werden die Nüsse gemeinsam geknackt und gegessen.

Spieltipp
– Die Spielleiterin geht mit der Markierungslinie variabel um, damit die Kinder auch Erfolgserlebnisse haben.

Spielvariante
– Die Kinder bauen selbst das Haus oder ein anderes Objekt passend zur Jahreszeit, z.B. einen Tannenbaum.

Alter der Kinder
3 – 6 Jahre

Gruppengröße
Paarweise

Spielort
In einem größeren Raum

Spielzeit
5 – 10 Minuten

Spielmaterial
– pro Kinderpaar zwei Zollstöckel

Spielidee
Mit einem gängigen, aber zerbrechlichen Werkzeug sind die Kinder aufgefordert, spielerisch ihr Handeln beim Bau eines „Winterhäuschens" zu testen. Beim Bezug des Häuschens zeigen die Kinder, wie beweglich sie sind.

Spielziele
– Schulung von gezielten Aktivitäten des gesamten Körpers
– Ausbau der Fähigkeit zur Partnerarbeit

Spielvoraussetzungen
–

Spielerklärung
Die Spielleiterin händigt jedem Kinderpaar zwei Zollstöcke aus. Die Kinder klappen diese auseinander, knicken sie im 90°-Winkel ab und stellen sie senkrecht als „Winterhäuschen" übereinander. Die Kinder probieren nun in ihr Häuschen hinein- und hinauszukriechen, ohne das Häuschen zu zerstören.

Spieltipp
– Die Spielleiterin erläutert den Kindern den fachgerechten Umgang mit dem Zollstock und seine Funktion.

Spielvariante
–

Mit allen Sinnen durch den Advent

Die Sinneseindrücke in dieser besonderen Zeit, die sowohl vom Advent als auch vom Winter geprägt ist, sind einprägsam und vielfältig. Diese frühkindlich gemachten Erfahrungen können bis in das Erwachsenenleben positive Erinnerungen erzeugen. Gleichermaßen werden Tast-, Hör-, Seh-, Geruchs- und Geschmackssinn angesprochen und geschult. Durch das bewusste Ausschalten einzelner Wahrnehmungskanäle werden die anderen Sinne aktiv angeregt. Bei einzelnen Spielideen wird das rhythmische und musikalische Empfinden in den Vordergrund gerückt. Der Schwerpunkt liegt nicht nur bei den Sinneseindrücken, sondern berücksichtigt auch Durchhaltevermögen und den Ausbau der kognitiven Fähigkeiten.

Alter der Kinder
4 – 6 Jahre

Gruppengröße
Bis maximal 20 Kinder

Spielort
Am Tisch oder auf dem Fußboden

Spielzeit
10 Minuten

Spielmaterial
– 10 Gegenstände oder kleine Figuren, die zum Advent gehören: Strohstern, Schlitten, Tiere, gekneteter
  Schneemann, eine Nuss, ein eingepacktes Geschenk, verpackter Keks, Mütze, Schal

Spielidee
Ein bei den Kindern beliebtes Spiel wird für die Jahreszeit abgewandelt. Spannung und Spielspaß sind bei
dieser Spielidee sichergestellt und können anhand der Varianten situationsbedingt auf die Kindergruppe
angestimmt werden.

Spielziele
– Förderung der Merkfähigkeit
– Ausbau der Konzentrationsfähigkeit

Spielvoraussetzungen
–

> **Spielerklärung**
> Die Kindergruppe sitzt im Kreis. In der Mitte platziert die Spielleiterin sechs verschiedene Gegen-
> stände. Die Kinder bekommen eine Zeit von einer Minute zum Einprägen der Gegenstände. Alle
> Kinder schließen die Augen, die Spielleiterin entfernt einen Gegenstand. Die Kinder öffnen die Augen
> und versuchen den fehlenden Gegenstand zu benennen. Dabei gilt die Melderegel.

Spieltipp
– Die Spielleiterin bespricht mit den Kindern zu Beginn des Spiels den Namen und Verwendungszweck
  der Gegenstände.

Spielvarianten
– Nur ein Kind hält sich die Augen zu oder verlässt kurz den Raum.
– Die Beobachtungszeit wird verkürzt.
– Die Platzierung der Gegenstände wechselt.
– Die Anzahl der Gegenstände wird erweitert.
– In einer Runde werden Gegenstände verdeckt weggenommen und neu hinzugefügt.
– Mutige Kinder können die Spielleiterrolle übernehmen.
– Die Kinder bereiten das Spiel für Erwachsene vor.

42 Adventsmusik

Alter der Kinder
3 – 6 Jahre

Gruppengröße
3 – 4 Kinder

Spielort
Im Gruppenraum oder draußen

Spielzeit
10 Minuten

Spielmaterial
– Mindestens 10 leere Glasflaschen gleicher Sorte
– Bindfaden
– Großer Stock
– Schlegel

Spielidee
Die Kinder geben kostenlosen Alltagsmaterialien eine neue Bedeutung und kreieren ein
Musikinstrument, das sie für erste Klangerfahrungen nutzen.

Spielziele
– Ausbau der Experimentierfähigkeit
– Einführung in selbst erzeugte Klangerlebnisse

Spielvoraussetzungen
–

Spielerklärung
Die Spielleiterin bereitet die Hängevorrichtung für die klingenden Flaschen gemeinsam mit den
Kindern vor. Dazu werden leere Glasflaschen gereinigt und von Verschlüssen und Etiketten befreit.
Um den Flaschenhals wird ein Bindfaden festgebunden, der als Befestigung an der
Aufhängevorrichtung dient. Dann regt sie die Kinder dazu an, mittels einer Gießkanne
unterschiedliche Wassermengen in die Flaschen zu füllen, und mit dem Schlegel die Flaschen zum
Klingen zu bringen. Sie fordert die Kinder auf, mit unterschiedlichen Wasserständen Höhen und
Tiefen der Töne herauszufinden und diese auch als kleine Melodien gezielt einzusetzen.

Spieltipp
–

Spielvariante
– Bei der Verwendung verschiedener Flaschenformen und -größen kann das Experimentieren
  erweitert werden.

Alter der Kinder
3 – 6 Jahre

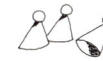

Gruppengröße
Beliebig

Spielort
Im Bewegungsraum ohne Teppich

Spielzeit
10 Minuten

Spielmaterial
– CD-Spieler, Musikstücke auf CD mit unterschiedlichen Tempi

Spielidee
Die Kinder werden angeregt, sich tänzerisch, angepasst an die Musik, auf einer imaginären Eisfläche zu bewegen.

Spielziele
– Förderung der Körperausdrucks
– Ausbau der Fantasie

Spielvoraussetzungen
–

Spielerklärung
Die Spielleiterin erläutert den Kindern, dass der Bewegungsraum sich in eine Eisfläche verwandelt hat und sie zum Eistanz eingeladen sind. Um auf der Eisfläche besonders gut gleiten zu können, tragen die Kinder als Schlittschuhersatz Socken. Sie erklärt, dass die Kinder beim Eistanz auf das Tempo der Musik achten müssen. Gemeinsam werden Möglichkeiten tänzerischen Ausdrucks besprochen, z.B. Drehungen, Rückwärtslaufen, Sprünge, Pirouetten. Zum Abschluss der Vorführungen wird eine Polonaise mit der ganzen Gruppe auf dem Eis vollführt.

Spieltipps
– Die Spielleiterin bespricht mit den Kindern zu Beginn des Spiels die zu beachteten Regeln auf einer Eisfläche.
– Es muss ausdrücklich darauf hingewiesen werden, dass für dieses Spiel nur Socken getragen werden dürfen.
– Die Spielleiterin hält Reservesocken bereit.

Spielvarianten
– Im Paartanz können die Kinder weitere Figuren vorführen.
– Die Kinder üben in einer größeren Gruppe eine Choreographie ein.

44 Geschenke einpacken

Alter der Kinder
2 – 6 Jahre

Gruppengröße
3 – 5 Kinder

Spielort
Drinnen am Tisch oder auf dem Teppich

Spielzeit
10 – 15 Minuten

Spielmaterial
– Verschieden große Gegenstände mit entsprechend großen Schachteln, z.B. Puppe, kleines Blechauto, Ball, Knete, Kette, Teddybär, Buch

Spielidee
Verschiedene Gegenstände, die oft als Kindergeschenke in der Weihnachtszeit dienen, müssen einer passenden Verpackung zugeordnet werden.

Spielziele
– Schulung der Wahrnehmungsfähigkeit, besonders Raumerfassung
– Differenzierung der feinmotorischen Geschicklichkeit

Spielvoraussetzungen
–

> **Spielerklärung**
> Die Spielleiterin sammelt verschiedene Gegenstände und die dazu von der Größe her passenden Schachteln. Sie legt diese in die Kreismitte, die Kinder bekommen die Aufgabe, in jeden Karton einen Gegenstand zu packen. Sie sollen durch Experimentieren herausfinden, dass die Schachtel mindestens der Größe des Gegenstandes entsprechen muss. Nach dieser Experimentierphase hält sich ein Kind die Augen zu, während ein anderes aus einer beliebigen Schachtel den Gegenstand herausholt und diese wieder verschließt. Das erste Kind sieht dann den Gegenstand und soll diesen der passenden Schachtel zuordnen.

Spieltipp
– Die Spielleiterin teilt die Kinder in altersgleiche Gruppen ein.

Spielvariante
– Die Kinder erraten durch Schütteln der Schachteln nach der Experimentierphase, welche Gegenstände jeweils verpackt sind.

Alter der Kinder
3 – 6 Jahre

Gruppengröße
Beliebig

Spielort
Im Sitzkreis

Spielzeit
10 – 15 Minuten

Spielmaterial
– ein Säckchen
– verschiedene Gegenstände, z.B. Nussknacker, Mütze, Handschuhe, Kerze

Spielidee
Aus einem geheimnisvollen Säckchen mit geschlossenen Augen etwas zu erfühlen ist für Kinder eine wichtige Sinneserfahrung. Mit dem Benennen des Gegenstandes wird eine Geschichte verknüpft und die Fantasie der Kinder angeregt.

Spielziele
– Ausbildung der taktilen Wahrnehmung
– Förderung des Sprachverständnisses

Spielvoraussetzungen
–

Spielerklärung
Die Kinder befinden sich im Sitzkreis. Die Spielleiterin stellt ein geheimnisvolles Säckchen vor.
Die Kinder werden aufgefordert, jeweils nacheinander einen Gegenstand zu erfühlen, zu benennen und herauszuholen. Falls ein Gegenstand falsch benannt wurde, wird gemeinsam der richtige Begriff gesucht. Die Spielleiterin erzählt passend zu dem Gegenstand eine Geschichte, in der alle Dinge vorkommen.

Spieltipp
– Die Spielleiterin nutzt ein bereits bekanntes Bilderbuch, z.B. „Petterson kriegt Weihnachtsbesuch" von Sven Nordquist aus dem Oettinger Verlag.

Spielvariante
– Ältere Kinder erzählen zu ihrem Gegenstand eine kleine Geschichte oder ein Erlebnis.

46 Glockenband

Alter der Kinder
3 – 6 Jahre

Gruppengröße
Beliebig

Spielort
Drinnen oder draußen

Spielzeit
5 – 10 Minuten

Spielmaterial
– ein Band, an dem verschiedene Glöckchen befestigt sind

Spielidee
Die Kinder schulen ihr Richtungshören, indem sie mit geschlossenen Augen erst dort hinzeigen, wo sie das Geräusch vermuten. Anschließend öffnen sie ihre Augen und überprüfen im Sinne der Fehlerselbstkontrolle die Position des Geräusches.

Spielziele
– Schulung des Richtungshörens
– Ausbau der Konzentrationsfähigkeit

Spielvoraussetzungen
–

Spielerklärung
Die Kindergruppe sitzt mit geschlossenen Augen im Kreis. Ein Kind bekommt das Glockenband. Seine Aufgabe ist es nun, sich im Raum einen Platz zu suchen und mit den Glocken das Geräusch zu erzeugen. Die anderen Kinder zeigen mit geschlossenen Augen erst in die Richtung des Geräusches und öffnen dann die Augen, um ihr Ergebnis zu überprüfen. Ein anderes Kind übernimmt dann die Rolle des Geräuscheerzeugers.

Spieltipp
–

Spielvariante
–

Alter der Kinder
3 – 6 Jahre

Gruppengröße
Beliebig

Spielort
In einem großen Raum

Spielzeit
10 Minuten

Spielmaterial
– Ein Pezziball

Spielidee
Die Kinder stellen sich einen großen Ball als Schneekugel vor, die besonders geräuscharm gerollt werden soll.

Spielziele
– Förderung der Wahrnehmungsfähigkeit
– Ausbau der Konzentrationsfähigkeit

⟹ **Spielvoraussetzungen**
–

Spielerklärung
Die Kindergruppe sitzt im Kreis. Die Spielleiterin erklärt den Kindern, dass der Pezziball eine große Schneekugel darstellt, die im Kreis kreuz und quer gerollt werden soll. Dabei dürfen möglichst keine Geräusche entstehen. Die Kinder müssen auch darauf achten, dass sie beim Annehmen des Balles geschickt und leise vorgehen. Die Verständigung der Kinder, wer wem den Ball zurollt, findet nur über nonverbale Kommunikation statt.

Spieltipp
–

⭐ **Spielvariante**
–

Alter der Kinder
3 – 6 Jahre

Gruppengröße
3 – 5 Kinder

Spielort
Drinnen am Tisch

Spielzeit
10 – 15 Minuten

Spielmaterial
– je Kind mindestens drei Kekspaare in Sternenform, paarweise gleich verziert
– für jeden Keks einen Plastik- oder Pappbecher

Spielidee
Mit dieser Spielidee kann man das bekannte Spiel „Memory" mit Plätzchen verbinden. Nicht nur der Appetit bestimmt den Spielverlauf, sondern auch die Merk- und Konzentrationsfähigkeit müssen unter Beweis gestellt werden.

Spielziele
– Erweiterung der Aufmerksamkeitsspanne
– Förderung des Regelverständnisses

Spielvoraussetzungen
–

Spielerklärung

Die Spielleiterin backt mit den Kindern Kekse in Sternform aus einem Rezept. Immer zwei Kekse werden gleich verziert. Pro Kind werden jeweils mindestens drei Kekspaare benötigt. Außerdem ist für jeden Keks ein Plastik- oder Pappbecher zum Spielen bereitzustellen.

Die Spielleiterin bereitet das Spielfeld verdeckt vor. Dafür wird je ein Keks unter einem Plastik- oder Pappbecher versteckt. Dann wird gemäß den Spielregeln für „Memory" gespielt. Am Ende werden die von den Kindern erworbenen Kekspaare gezählt und gemeinsam gegessen.

Spieltipps
– Die Kekse dürfen nicht größer sein als der Becherumfang.
– Die Kekse müssen nach dem Backen vorsichtig verpackt werden, damit sie nicht kaputt gehen.
– Es werden Reservekekse benötigt.

Spielvarianten
– Wer keine Plastik- oder Pappbecher verwenden möchte und eine besondere Dekoration benötigt, kann auch die Kekshauben selbst gestalten, z.B. Weihnachtsmützen oder selbst gefaltete Becher mit Verzierungen.
– Anstelle von Weihnachtskeksen können Süßigkeiten verwendet werden. Dann ist das Spiel im ganzen Jahresverlauf verwendbar.

Alter der Kinder
3 – 6 Jahre

Gruppengröße
6 – 8 Kinder

Spielort
Drinnen

Spielzeit
10 Minuten

Spielmaterial
– Stoffsäckchen mit verschiedenen Gewürzen, wie z.B. Zimt, Vanilleschote, Koriander, Muskatnuss, Nelke, Anis, Ingwer, Zitrone

Spielidee
Die Kinder schulen eine sehr differenzierte Geruchswahrnehmung. Sie lernen Gerüche kennen und benennen, die in ihrem Alltag oft nur als Mischung vorkommen.

Spielziele
– Ausbau von Wissen über Gewürze
– Förderung der Geruchssinns

Spielvoraussetzungen
–

Spielerklärung
Die Spielleiterin bereitet kleine Stoffsäckchen vor, in denen sie Proben von verschiedenen Gewürzen jeweils doppelt einfüllt. An der Unterseite der Säckchen befestigt sie bei Säckchenpaaren gleiche Farbmarkierungen. Die Kinder werden nacheinander aufgefordert, an den Säckchen zu riechen und passende Paare zu finden. Durch die Farbmarkierungen können sie ohne Hilfe des Erwachsenen eine Fehlerselbstkontrolle durchführen.

Spieltipp
– Der Lerneffekt ist größer, wenn die Kinder in der Einführung einen Lebensweltbezug herstellen (z.B. Zimt – Zimtsterne) und an der Vorbereitung der Spielidee beteiligt werden.

Spielvariante
– Die Kinder bringen selbst Materialien mit, um das Spiel zu erweitern.

50 Weihnachts-kekssuche

 Alter der Kinder
3 – 6 Jahre

 **Gruppengröße**
6 – 10 Kinder

 Spielort
Im Gruppenraum

 Spielzeit
10 – 15 Minuten

 Spielmaterial
– Von den Kindern selbst gebackene Kekse, für jedes Kind mindestens drei Stück

 Spielidee
In einem, den Kindern bekannten Raum suchen die Kinder Verstecke und leiten andere Kinder beim Suchen an. Durch die geheimnisvolle Atmosphäre werden die Kinder zusätzlich herausgefordert, Umschreibungen zu finden, die nicht zu viel vom Versteck verraten.

 Spielziele
– Förderung der differenzierten Wahrnehmungsfähigkeit
– Ausbau des Überraschungserlebens

Spielvoraussetzungen
–

> **Spielerklärung**
> Die Spielleiterin backt mit den Kindern im Vorfeld Weihnachtskekse, sodass für jedes mitspielende Kind mindestens drei vorhanden sind. Sie erklärt den Kindern, dass bei dieser Spielidee ein Kind vor die Tür gehen muss. Die anderen Kinder bereiten die Weihnachtskekssuche vor, indem sie drei Kekse im Gruppenraum verstecken und sich diese merken. Das Kind wird wieder hereingebeten und beginnt mit der Suche. Durch kleine Hinweise der anderen Kinder kann es Unterstützung erhalten, um zu den Verstecken geleitet zu werden.

 Spieltipp
– Die Spielleiterin achtet auf die hygienischen Bedingungen in den Verstecken, evtl. werden die Kekse eingepackt oder auf kleine Pappstücke gelegt.

 Spielvariante
– Diese Spielidee bietet sich für einen Eltern-Kind-Nachmittag sehr gut an.

Alter der Kinder
4 – 6 Jahre

Gruppengröße
7 – 10 Kinder

Spielort
Im Bewegungsraum, eventuell auch draußen

Spielzeit
10 – 15 Minuten

Spielmaterial
– CD-Spieler mit Weihnachtsmusik
– Sechs kleine Tische
– Tannenzweige und -zapfen sowie andere adventliche Gegenstände, z.B. Kerzen, Christbaumkugeln
– Verschiedene Glöckchen
– Eine Schüssel mit Eiswürfeln und ein Handtuch
– Je nach Kinderzahl Weihnachtsplätzchen
– Glasschälchen mit Zimtstangen und Apfelsinenschalen
– Eine schräg aufgestellte Turnbank oder eine vorhandene schiefe Ebene, Teppichfliesen zum Rutschen, Matten zum Absichern

Spielidee
Kinder bekommen vielfältige Sinneseindrücke in einem größeren Raum und erbringen eine Transferleistung, indem sie diese Wahrnehmungen in eine Art Landkarte eintragen.

Spielziele
– Schulung der Wahrnehmungsfähigkeit durch Raumerfassung
– Ausbau der Abstraktionsfähigkeit

Spielvoraussetzungen
–

Spielerklärung

Die Spielleiterin bereitet im Bewegungsraum mit den Kindern verschiedene Sinnesorte vor, z.B.
– eine Musikecke mit leiser weihnachtlicher Musik
– einen Fühltisch mit Tannenzweigen, Tannenzapfen und anderen adventlichen Gegenständen
– einen Tisch mit verschiedenen Glöckchen
– einen Tisch mit einer Schüssel Eiswürfel
– einen Tisch mit Weihnachtsplätzchen
– einen Tisch mit Riechschälchen, gefüllt mit Zimtstangen und Apfelsinenschalen
– eine schiefe Ebene, auf der die Kinder herunterrutschen, um Schlitten fahren zu imitieren

Alle Kinder bekommen eine Pappstück in Postkartengröße und einen Stift. Sie verteilen sich im Raum und zeichnen auf der Karte mit einem Punkt ihre Startposition ein. Dann gehen sie beliebig zu den Stationen und nutzen die Angebote.
Danach tragen sie jeweils auf ihrer Karte die Position und evtl. kleine Zeichnungen ein. Am Ende findet eine Auswertung und Betrachtung der entstandenen Karten mit den Kindern statt.

Spieltipp
– Die Spielleiterin leitet die Kinder an, zur besseren Orientierung Fenster und Türen vorab einzuzeichnen.

Spielvarianten
– Wenn die Kinder Erfahrungen gesammelt haben, können sie eigenständig Stationen entwickeln.

Alter der Kinder
5 – 6 Jahre

Gruppengröße
Paarweise

Spielort
Im Bewegungsraum oder draußen

Spielzeit
10 Minuten

Spielmaterial
–

Spielidee
Die Kinder bekommen eine Vorstellung von weihnachtlichen Motiven. Ein erfühltes Motiv wird gedanklich zu einem Bild zusammengefügt, das anschließend in Bewegung umgesetzt wird.

Spielziele
– Förderung der Form- und Raumerfassung
– Ausbau der Wahrnehmungsfähigkeit

Spielvoraussetzungen
–

Spielerklärung
Die Kinder bekommen von der Spielleiterin fünf einfache Weihnachtsmotive auf einer großen Pappe vorgegeben, z.B. Stern, Tannenbaum, Glocke, Eiszapfen, Kerze, Geschenk. Nun bittet sie die Kinder, sich paarweise zusammenzufinden. Die Kinder entscheiden, wer der Maler und wer der Läufer ist. Das malende Kind wählt ein Motiv aus und zeichnet es dem Partner auf den Rücken. Das Läuferkind setzt die Figur um, indem es das Motiv in seinem Umriss im Raum laufend darstellt. Nach drei Motiven werden die Rollen gewechselt.

Spieltipp
– Die Spielleiterin absolviert mit allen Kinderpaaren eine Proberunde.

Spielvariante
– Die Kinder denken sich selbst Motive aus. Die Kinder, die die Malerrolle übernehmen, einigen sich heimlich auf neue gemeinsame Motive.

Alter der Kinder
3 – 6 Jahre

Gruppengröße
Beliebig

Spielort
Im Bewegungsraum oder draußen

Spielzeit
10 – 15 Minuten

Spielmaterial
– Eine große Anzahl selbst hergestellter Tannenbäume aus Pappe, diese werden wie folgt verziert mit

• Schnee aus Watte, Styroporstückchen, festen Gipsresten, Kieselsteinen, Haushaltstüchern, Stoffresten, Wollknäueln, Plastiktüten
• Laub, Nadeln und Baumfrüchten aus Kieferbüscheln, ausgeschnittenen Papierblättern, gepressten Blättern, Zapfen, Nüssen, kleine Ästchen
• Tieren aus Plüsch- bzw. Fellstückchen, Holz, Pappe, Wolle, Teppich

Spielidee
Die Kinder sind in die Spielvorbereitung eingebunden, indem sie den Winterwald selbst herstellen. Durch kleine Zuordnungsaufgaben erproben sie ihre Sinneswahrnehmung.

Spielziele
– Förderung der Kreativität
– Ausbau der Wahrnehmungsfähigkeit

Spielvoraussetzungen
–

Spielerklärung
Die Spielleiterin bereitet mit den Kindern selbst hergestellte Tannenbäume mit stabilen Fuß und ihre unterschiedlichen Oberflächen vor. Gemeinsam werden die Bäume im Bewegungsraum oder draußen beliebig zu einem Parcours aufgebaut. Die Spielleiterin gibt den Kindern unterschiedliche Zuordnungsaufgaben vor:
– Berührt alle Bäume im Winterwald, die verschneit sind!
– Findet im Winterwald Bäume, die Laub oder Nadeln haben!
– Sucht Bäume/Tiere, die eine weiche/harte Oberfläche haben!
– Streichelt alle Tiere mit braunem Fell!
Nach jeder Runde gibt es einen kurzen Erfahrungsaustausch.

Spieltipp
– Die Spielleiterin kann Kindern gemäß ihrem Entwicklungsstand schwierigere Fragen stellen, z.B. die Suchfragen in Zählfragen verwandeln.

Spielvariante
– Die Kinder gehen nicht nur durch den Winterwald, sondern hüpfen auf einem Bein, rollen im Winterwald eine Schneekugel (Ball), umfahren die Bäume auf einem Rollbrett. Der Winterwald könnte dafür einfacher gestaltet sein.

Miteinander spielen im Winter

Winterliche Wetterbedingungen sind nicht immer so, dass die Kinder Schnee und Eis erleben können. Daher erfolgt bei den hier aufgeführten Spielideen eine Nachahmung der jahreszeitlichen Gegebenheiten mit anderen Materialien. Außerdem wird vermittelt, dass der Aufenthalt im Freien auch im Winter positiv und nicht vordergründig mit Frost und Kälte verbunden ist. Der Schwerpunkt dieses Kapitels liegt im gemeinsamen Spielen. Es werden Einfühlungsvermögen, Akzeptanz und Toleranz gegenüber anderen Kindern gefördert. Dabei wird die Teamfähigkeit ausgebaut. Bestehende Ordnungen wie z.B. Spielregeln werden spielerisch vermittelt.

Alter der Kinder
3 – 6 Jahre

Gruppengröße
10 – 16 Kinder

Spielort
Im Bewegungsraum oder draußen

Spielzeit
10 – 15 Minuten

Spielmaterial
– eine Turnmatte

Spielidee
Die Kinder lernen sich an die Regeln zu halten und Rollen zu wechseln. Die Spielspannung mit dem „schlafenden Engel" muss dabei ausgehalten werden.

Spielziele
– Schulung von Reaktionsschnelligkeit
– Förderung des regelgebundenen Spielens

Spielvoraussetzungen
–

Spielerklärung
Die Spielleiterin erläutert die folgenden Spielregeln:
– Ein „Oberengel" schläft tief und fest auf einer Matte.
– Ein Kind übernimmt die Aufgabe der Himmelsuhr und zählt langsam bis 12.00 Uhr, während die anderen Engel den „Oberengel" durch Kitzeln und Rufen ärgern.
– Der „Oberengel" erwacht und versucht, die Engel, die ihn geärgert haben, zu fangen.
– Diese laufen schnell zu ihren vorher festgelegten Schlafplätzen, den Wolken.
– Wer auf dem Weg zum Schlafplatz gefangen wird, verwandelt sich in einen Assistent des Oberengels.
– Der Oberengel darf beim Schlafplatz durch Heben der Arme und Beine testen, ob die Engel wirklich schlafen.
– Wenn sie dabei lachen, werden sie ebenfalls Assistenten des „Oberengels".
– Ruft die Himmelsuhr „Eins", ist das Engelserwachen vorüber.

Spieltipp
–

Spielvariante
–

Alter der Kinder
4 – 6 Jahre

Gruppengröße
4 – 6 Kinder

Spielort
Drinnen auf dem Teppich

Spielzeit
10 – 15 Minuten

Spielmaterial

– 16 gleich große, rechteckige Pappschachteln (z.B. Kinderschuhkartons), die mit einer Schleife zur Verdeutlichung der Mitte und einer Bepunktung auf jeder Hälfte, ähnlich wie bei Dominosteinen (1 bis 6 Punkte), versehen sind. Passend zur Weihnachtszeit bestehen die Augenzahlen aus Nüssen, Nelken, Ingwer und Sternanis, getrockneten Apfelsinenschalen, ausgeschnittenen Keksbildern.

Spielidee

Bei dieser Spielidee wird das bekannte Dominospiel von den Kindern entsprechend der Vorweihnachtszeit selbst hergestellt und erprobt. Da die Kinder beim Herstellen der Spielsteine ihre Kreativität ausleben sollen, ist keine Festlegung von bestimmten Punktanzahlen im Vorfeld möglich. Dadurch ergibt sich ein zusätzliches Experimentierfeld.

Spielziele

– Schulung von Regeleinhaltung
– Ausbau der Experimentierfähigkeit

Spielvoraussetzungen
–

Spielerklärung

Die Spielleiterin gestaltet mit den Kindern im Vorfeld das Geschenkedomino. Jedes Kind bekommt ca. drei Geschenkpäckchen. Einige Geschenke bleiben unter dem Tuch. Da die Kinder die Augenzahl selbst auswählen konnten, ist nun beim Zusammensetzen des Dominospiels Kombinationsfähigkeit gefragt. Die Spielleiterin legt ein Geschenk in die Mitte, die Kinder legen reihum eines ihrer Geschenke passen an. Hat ein Kind keine passende Augenzahl, darf es ein Dominogeschenk unter dem Tuch hervorziehen und in dieser Runde nicht anlegen. Es wird so lange gespielt, bis alle Steine verbraucht sind oder es nicht mehr weitergeht. In dieser Phase kann es vorkommen, dass ein bestimmtes Augenpaar den Spielfluss verlängern oder den Kreis schließen könnte. Die Spielleiterin lenkt das Spielgeschehen so, dass die Kinder erkennen, welcher Stein fehlt. Sie ermöglicht die Herstellung des fehlenden Dominosteins in Form eines Geschenks.

Spieltipp
– Wenn sich der Dominokreis schließen soll, muss eine entsprechende Zahlenabfolge vorgegeben werden.

Spielvariante
–

Alter der Kinder
3 – 6 Jahre

Gruppengröße
Beliebig

Spielort
Beliebig

Spielzeit
10 – 15 Minuten

Spielmaterial
– Einen Softball

Spielidee
Die Kinder lernen ihre Bedürfnisse und Wünsche zu äußern und nehmen Körperkontakt mit anderen Kindern auf.

Spielziele
– Ausbau des gegenseitigen Körperkontaktes
– Förderung des sozialen Umgangs

Spielvoraussetzungen
–

Spielerklärung
Die Kinder bewegen sich in einem vorgegebenen Spielfeld. Ein Kind versucht ein anderes Kind mit einem Softball abzuwerfen. Wer getroffen ist, setzt sich hin und kann befreit werden, indem ein anderes Kind ihm etwas Gutes tut, z.B.
– Füße drücken
– Hände massieren
– Rücken kraulen
– Kopf streicheln
– Nase stupsen
– Arme bzw. Beine massieren.

Spieltipp
– Wenn ein Kind einem anderen Gutes tut, darf es in der Zeit nicht abgeworfen werden.

Spielvariante
–

Alter der Kinder
3 – 6 Jahre

Gruppengröße
6 – 10 Kinder

Spielort
Drinnen auf dem Teppich

Spielzeit
10 – 15 Minuten

Spielmaterial
– eine große Anzahl nicht zu kleiner Bauklötzen

Spielidee
Die Kinder lernen ihre Körperbewegungen so zu koordinieren, dass bestimmte, um sie herum gebaute Hindernisse nicht berührt werden.

Spielziele
– Förderung des Körperbewusstseins
– Schulung der Grobmotorik

Spielvoraussetzungen
–

Spielerklärung
Die Spielleiterin erzählt den Kindern, dass die Eingeborenen in sehr kalten Ländern früher ihre Häuser aus Eisblöcken gebaut haben, und führt damit den Begriff Iglu ein. Sie fordert ein Kind auf, sich mit dem Rücken auf den Boden zu legen. Die anderen Kinder werden gebeten, Bauklötze als Körperumriss um das liegende Kind aufzustapeln. Das liegende Kind soll nun versuchen, aus seinem „Iglu" aufzustehen und dabei so wenig Bauklötze wie möglich umzuwerfen.

Spieltipps
– Bei kleinern Kindern lassen sich auch Seile verwenden.
– Zwischen Körper des liegenden Kindes und Bauklötzen muss genügend Abstand gelassen werden, damit die Kinder auch die Möglichkeit haben, überhaupt aufzustehen.

Spielvariante
–

Alter der Kinder
3 – 5 Jahre

Gruppengröße
Bis 5 Kinder

Spielort
Am Tisch

Spielzeit
10 – 15 Minuten

Spielmaterial
– ein selbst gebautes längliches Spielbrett aus Pappe von 40 x 60 cm, auf dem fünf Bahnen mit Start und Ziel nebeneinander laufen. Diese sind in zehn Felderabschnitte eingeteilt. In jedes Feld muss eine selbst hergestellte Spielfigur passen.
– einen Farbwürfel (Weiß, Gelb, Rot, Blau, Schwarz, Grün)
– selbst hergestellte Rentiere mit fünf (siehe Würfel) verschiedenen Halsbandfarben (Toilettenpapierrollen, Schaschlikspieße, den Würfelfarben entsprechende Fäden für die Halsbänder, Papierkugeln für den Kopf, Kleber)

Spielidee
Der Konkurrenzgedanke tritt bei dieser Spielidee in den Hintergrund, da jedes Kind jede Spielfigur gemäß der gewürfelten Farbe weiterbewegen darf. Die Kinder identifizieren sich mit dem Spiel, weil sie die Spielfiguren vorher selbst herstellen.

Spielziele
– Schulung der Wahrnehmungsfähigkeit im Bereich der Farberkennung
– Ausweitung der Kooperationsfähigkeit

Spielvoraussetzungen
– Kenntnis der Farben

Spielerklärung
Im Vorfeld des Spiels fertigt die Spielleiterin ein Spielbrett an und stellt die Materialien zur Herstellung der Rentiere zur Verfügung. Die Kinder fertigen die Rentiere als Spielfiguren an. Nach Fertigstellung zeigt die Spielleiterin das Spielbrett und den Farbwürfel und erklärt die Regeln:

– Die Kinder würfeln reihum und setzen je nach gewürfelter Farbe das entsprechende Rentier ein Feld weiter.
– Würfeln sie die Farbe Weiß, dürfen die Kinder entscheiden, welches Rentier nach vorne weiter gesetzt wird.
– Die Rentiere, die am Ende ins Ziel (= Futterkrippe) gekommen sind, scheiden aus. Es wird so lange gespielt, bis alle Rentiere das Ziel erreicht haben.

Spieltipps
– Die Spielleiterin achtet darauf, dass die Kinder vorsichtig setzen.
– Je nach Bedarf können die Spielfiguren nach einer gewissen Zeitspanne von den Kindern mit nach Hause genommen werden.

Spielvariante
–

Alter der Kinder
5 – 6 Jahre

Gruppengröße
8 – 10 Mitspieler

Spielort
Im Bewegungsraum oder draußen

Spielzeit
10 – 15 Minuten

Spielmaterial
–

Spielidee
Die Kinder denken sich eine Liste mit Sehenswürdigkeiten und Erlebnissen einer Winterreise mit einem Rentier aus.

Spielziele
– Anregung der Fantasie
– Ausbau der Begriffsbildung

Spielvoraussetzungen
–

Spielerklärung
Die Spielleiterin regt die Kinder an, Sehenswürdigkeiten und Erlebnisse einer „Rentierreise" zu beschreiben und auf einem Gemeinschaftsbild aufzumalen, z.B. Futtermangel, Schlittenkufenbruch, Suche der Rentierfreunde, Eisloch im zugefrorenen See, Rentierfreunde in Not, Schneesturm, Waldhütte. Nach der Erstellung der Liste gehen die Kinder mit der Liste imaginär auf eine Rentierreise und entwickeln gemeinsam Stationen einer Geschichte.

Spieltipp
– Die Spielleiterin motiviert die Kinder, Inhalte der Geschichte pantomimisch darzustellen.

Spielvariante
–

Alter der Kinder
5 – 6 Jahre

Gruppengröße
4 – 6 Mitspieler

Spielort
Im Werkraum

Spielzeit
10 – 20 Minuten

Spielmaterial
– Vorbereitete Holzstücke in Glockenform, ca. 10 x 10 cm aus Weichholz in der Stärke von 10 – 15 mm
– Schmirgelpapier
– Stiftnägel mit Kopf in der Stärke 20 – 25 mm
– Hammer
– Farbige Wolle

Spielidee
Die Kinder sammeln Erfahrungen im werkschaffenden Bereich durch den Umgang mit Holz, Hammer und Nägeln sowie Wolle. Die selbst hergestellten Werkstücke können als Spielmaterial für Rollenspiele oder auch Regelspiele genutzt werden.

Spielziele
– Ausbau der Feinmotorik
– Anregung der Kreativität

Spielvoraussetzungen
– Erste Werkzeugerfahrungen mit Hammer und Nagel

> **Spielerklärung**
> Die Spielleiterin sägt im Vorfeld aus dem Holz eine entsprechende Anzahl von Glockenrohlingen aus. Sie bittet die Kinder, die Rohlinge zu schmirgeln, damit kein Holzsplitter Verletzungen beim Spielen erzeugen kann. Sie regt die Kinder an, an die Außenkante der Glocke Nägel einzuschlagen. Anschließende verzieren die Kinder ihre Glocken, indem sie Wollfäden um die Nägel winden.

Spieltipp
– Die Spielleiterin achtet auf die richtige Handhabung der Werkzeuge.

Spielvariante
– Auch andere weihnachtliche Formen sind denkbar.

61 Schneeballwerfen

Alter der Kinder
3 – 6 Jahre

Gruppengröße
Beliebig

Spielort
Drinnen im Bewegungsraum oder draußen

Spielzeit
10 – 15 Minuten

Spielmaterial
– Zeitungspapier

Spielidee
Die Kinder lernen kostenloses Material zu nutzen. Sie trainieren dabei ihre Zielgenauigkeit und ihr soziales Miteinander.

Spielziele
– Förderung der Zielgenauigkeit
– Ausbau des Sozialverhaltens

Spielvoraussetzungen
–

> **Spielerklärung**
> Die Spielleiterin sammelt im Vorfeld mit den Kindern alte Zeitungen. Die Kinder legen sich durch Zerknüllen der einzelnen Zeitungsblätter einen Schneeballvorrat an. Die Schneeballschlacht beginnt auf ein Zeichen, aufgestellte Matten oder Matratzen können zum Verschanzen genutzt werden. Nach Ablauf der Spielzeit wird zum gemeinsamen Aufräumen ein Zielwerfen in einen Behälter gemacht.

Spieltipp
– Die Spielleiterin erzählt den Kindern von Schneeballschlachten, falls draußen kein Schnee vorhanden ist.

Spielvariante
– Die Schneebälle werden über die Schnur geworfen. Innerhalb einer bestimmten Zeitsequenz muss versucht werden, alle Schneebälle aus dem eigenen Feld zu entfernen.

Alter der Kinder
5 – 6 Jahre

Gruppengröße
Bis 4 Kinder

Spielort
Am Tisch

Spielzeit
10 – 15 Minuten

Spielmaterial

– für jedes Kind ein selbst gebasteltes Tütchen aus blauer Pappe
– für jedes Kind 21 weiße Wattebäusche, einen Würfel

Spielidee

Die Kinder versetzen sich gedanklich in das Spiel mit den Spielflocken und verschaffen sich einen Überblick über die im Spiel vorhandenen Schneeflöckchen. Dabei erfahren die Kinder Emotionen, die mit Besitzen, Verlieren und Gewinnen verbunden sind.

Spielziele

– Ausweitung der Frustrationstoleranz   – Erfassen von Zeichen und Zahlen

Spielvoraussetzungen

– Zahlenkenntnis bis 20

Spielerklärung

Im Vorfeld des Spiels fertigt die Spielleiterin mit den Kindern blaue Papptüten als Wolkentaschen, in die jeweils maximal 21 Wattebäusche als Schneeflöckchen verstaut werden können.
Jedes Kind bekommt 21 Wattebäusche und legt diese in folgender Form vor sich hin:

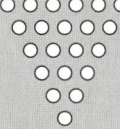
Das erste Kind fängt an zu würfeln. Gemäß der gewürfelten Zahl kann es die entsprechende Querreihe von Schneeflöckchen entnehmen und in die blaue Wolkentasche stecken. Es reicht den Würfel im Uhrzeigersinn weiter. Würfelt ein Kind eine Zahl, zu der es selbst keine Schneeflöckchen mehr besitzt, darf es diese beim linken Nachbarn wegnehmen. Hat dieses Kind auch keine entsprechende Querreihe mehr, holt es sich diese beim übernächsten linken Nachbarn usw. Ist diese Zahlenreihe gänzlich vom Tisch verschwunden, muss der Würfel an das nächste Kind weitergegeben werden. Auch wer keine Schneeflöckchen mehr vor sich liegen hat, ist am Spiel weiterhin beteiligt. Das Spiel endet, wenn die letzte Reihe fortgenommen wurde. Am Schluss kann ermittelt werden, wer die meisten Schneeflöckchen hat.

Spieltipp

– Wenn einige Kinder das Wegnehmen nicht ertragen können, sollte die Spielleiterin die Gruppe anregen, eine Lösung zu finden, z.B. Trostpreise oder Abgeben.

Spielvariante

– Es können auch andere Materialien aus der Jahreszeit verwendet werden,
  z.B. selbst gebackene Kekse, Nüsse oder Pappsterne.

63 Schneemänner unter sich

Alter der Kinder
2 – 5 Jahre

Gruppengröße
Beliebig

Spielort
Drinnen oder draußen mit Bewegungsfreiheit

Spielzeit
10 Minuten

Spielmaterial
–

Spielidee
Bei dieser Spielidee geht es um Kontaktaufnahme zu unterschiedlichen Kindern durch Berührung von Körperteilen. Das Signal der Spielleiterin wird dabei rhythmisch mitgesprochen und regelgebunden ausgeführt.

Spielziele
– Ausbau der Kontaktfähigkeit
– Förderung des Körperbewusstseins

Spielvoraussetzungen
–

Spielerklärung
Die Spielleiterin bittet die Kinder, sich einen Partner zu suchen. Die Paare verteilen sich frei im Raum. Sie erläutert den Kindern die Kommandos, die die Paare ausführen und rhythmisch mitsprechen müssen. Beispiele sind: Hand an Hand, Fuß an Fuß, Bauch an Bauch, Po an Po.
Bei der Ansage „Schneemann zu Schneemann" muss sich jedes Kind einen neuen Partner suchen.

Spieltipp
– Spielen jüngere Kinder mit, zeigt die Spielleiterin die Umsetzung der einzelnen Kommandos.

Spielvarianten
– Ein Kind sagt die Kommandos an.
– Es werden verschiedene Körperteile gesagt, z.B. Hand an Fuß.

Alter der Kinder
3 – 6 Jahre

Gruppengröße
3 – 5 Kinder

Spielort
Drinnen am Tisch

Spielzeit
10 – 15 Minuten

Spielmaterial
– Transparentpapierrechtecke im Verhältnis 2 : 3, z.B. 10 x 15 cm
– Plakat mit Faltvorgang

Spielidee
Gemeinsam wird von den Kindern eine Fensterdekoration hergestellt. Die Kinder erleben, dass aus vielen Einzelteilen ein großer Stern entsteht und ihr Arbeitsergebnis ein Teil des Ganzen wird.

Spielziele
– Schulung der Feinmotorik
– Ausbau des Sozialverhaltens

Spielvoraussetzungen
– Beherrschung erster Faltschritte

Spielerklärung
Die Spielleiterin bereitet ein Plakat, auf dem jeder Faltschritt in der entsprechenden Reihenfolge abgebildet ist. Sie schneidet mit den Kindern Transparentpapier in der angegebenen Größe zu.
Dann regt sie die Kinder an, mit dem Blatt Transparentpapier den Faltvorgang nachzuahmen.
Nach Fertigstellung der einzelnen Sternstrahlen werden diese bis zur Mitte überlappend zusammengeklebt und als Dekoration am Fenster oder an der Tür genutzt.

Spieltipps
– Die Spielleiterin unterstützt die Kinder ggf. beim Schneiden und beim Falten.
– Die Faltvorgänge bekommen Namen, z.B. einmal das ganze Blatt halbieren = Buch, die Ecken bis zur Mittellinie falten = Dach, ein zweites Mal das „Dach" bis zur Mitte falten = Drache.

Spielvariante
– Jedes Kind kann mehrere Teile falten und einen eigenen Stern mit nach Hause nehmen.

Alter der Kinder
3 – 6 Jahre

Gruppengröße
3 – 6 Kinder

Spielort
Drinnen am Tisch

Spielzeit
10 – 15 Minuten

Spielmaterial
– Tannenzapfen
– Kartonstreifen, 2 Streifen 4 x 60 cm, 10 Streifen als Sprossen 4 x 30 cm
– 1 Farbwürfel
– 1 Setzsteinfigur

Spielidee
Das Spielfeld wird von den Kindern gemeinsam hergestellt und aufgebaut. Selbst gesammelte Naturmaterialien sind als Gewinn vorgesehen. Mit einem Setzer trägt der Erfolg des einzelnen Kindes zum Erfolg der Gruppe bei.

Spielziele
– Entwicklung der Darstellungsfähigkeit
– Erweiterung der Regelkenntnis

Spielvoraussetzungen
–

Spielerklärung
Die Kinder sammeln im Vorfeld des Spiels gemeinsam Tannenzapfen im Wald. Die Spielleiterin stellt den Kindern Pappe zur Verfügung, aus der eine Leiter als Spielbrett hergestellt werden kann. Diese wird auf den Tisch gelegt, oben wird ein Behälter mit Tannenzapfen platziert. Die Kinder werden mit folgenden Spielbedingungen vertraut gemacht:

– an die Tannenzapfen kann jedes Kind gelangen, wenn die Spielfigur die Leiter von Sprosse zu Sprosse erklimmt.
– Die Kinder legen gemeinsam fest, welche zwei gewürfelten Farben der Spielfigur erlauben, eine Sprosse höher zu rücken, z. B. bei Rot oder Blau darf die Spielfigur eine Sprosse höher gestellt werden, bei Gelb, Weiß, Grün und Schwarz, muss sie stehen bleiben.

Ein Kind beginnt und reihum wird das Würfeln fortgesetzt. Ist die letzte Stufe erreicht, teilt das Kind, das mit dem Setzer oben an der Leiter angekommen ist, die Tannenzapfen an alle Mitspieler aus.

Spieltipp
– Die Spielleiterin achtet im Vorfeld darauf, dass die entsprechende Anzahl von Tannenzapfen für den Spielverlauf bereitgestellt wird.

Spielvariante
– Am Ende der Leiter sind Äpfel oder Nüsse, die die Kinder gemeinsam verzehren oder davon einen Kuchen backen.

Alter der Kinder
3 – 6 Jahre

Gruppengröße
Beliebig

Spielort
Drinnen am Tisch

Spielzeit
variabel

Spielmaterial
– Luftballons
– Zeitung
– Kleister
– Farbe
– Sandeimer mit Besenstiel

Spielidee
Es ist nicht mehr gewährleistet, dass Kinder in der Winterzeit so viel Schnee erleben, dass ein Schneemann gebaut werden kann. Bei dieser Spielidee wächst ein gemeinsam hergestellter Schneemann Tag für Tag, ohne zu schmelzen. Gleichzeitig sind die Kinder an der Gestaltung des Gruppenraumes beteiligt.

Spielziele
– Förderung der Kooperationsfähigkeit, indem Ideen und Materialien abgegeben werden
– Ausbau des taktilen Sinnes

Spielvoraussetzungen
–

Spielerklärung
Die Spielleiterin erklärt, dass von allen Kindern der Gruppe ein großer Schneemann gebaut werden soll, der jeden Tag Stück für Stück wächst. Sie erläutert kurz die bereitgestellten Materialien und den Vorgang des Kaschierens. Es entstehen nacheinander drei unterschiedlich große Kugeln als Körper, eine Nase, ein Hut, Knöpfe und evtl. ein Besen.
Die getrockneten Einzelteile werden entsprechend bemalt und die Körperkugeln nacheinander auf den bereitgestellten Besenstiel platziert. Nach Fertigstellung wird der Schneemann mit Hilfe des Sandeimers aufgestellt.

Spieltipps
– Die Spielleiterin teilt die Kinder bei großer Resonanz in kleine Gruppen ein, die dann jeweils eine Teilaufgabe übernehmen. So kann auch eine Schneemannfamilie entstehen.
– Der Schneemann sollte ein ansprechend dekoriertes Umfeld im Gruppenraum oder Flur erhalten.

Spielvarianten
– Andere Tiere im Winter können gestaltet werden, z.B. Pinguine auf Eisschollen.

67 Weihnachtsbaum-
transport

Alter der Kinder
3 – 6 Jahre

Gruppengröße
Beliebig

Spielort
Drinnen im Bewegungsraum

Spielzeit
10 Minuten

Spielmaterial
– Turnmatten

Spielidee
Die Kinder lernen ihre Kraft einzuschätzen und Muskelspannung aufzubauen, wenn sie sich in Tannenbäume verwandeln, die zum Transportplatz gerollt werden. Einfühlungsvermögen ist in der Rolle des „Waldarbeiters" und „Tannenbaumverkäufers" gefragt.

Spielziele
– Ausbau des Körperbewusstseins
– Förderung von Rücksichtnahme im Verhalten zu anderen Personen

Spielvoraussetzungen
–

Spielerklärung
Die Spielleiterin berichtet den Kindern, dass rechtzeitig vor Weihnachten viele Menschen Weihnachtsbäume kaufen. Die Weihnachtsbaumverkäufer müssen oft die verkauften Bäume zu einer Transportstelle bringen. Ein Teil der Kinder übernimmt die Rollen der „Waldarbeiter" und „Tannenbaumverkäufer", ein anderer Teil sind die gefällten Tannenbäume. Die „Tannenbäume" legen sich ausgestreckt auf den Boden und werden von zwei bis drei Kindern zur Transportstelle gerollt.

Spieltipp
– Die „Waldarbeiter" und „Tannenbaumverkäufer" werden ermahnt, vorsichtig mit den „Tannenbäumen" umzugehen.

Spielvariante
– Ein Riesentannenbaum muss zum Marktplatz geschafft werden. Dazu legen sich mehrere Kinder dicht an dicht nebeneinander auf den Rücken und strecken die Arme aus. Ein Kind als „Riesentannenbaum" legt sich quer auf diese Kinderreihe. Auf ein Kommando drehen sich alle Kinder immer wieder in dieselbe Richtung und transportieren so den Weihnachtsbaum ein Stück weiter.

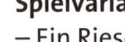

Alter der Kinder
5 – 6 Jahre

Gruppengröße
Paarweise

Spielort
Beliebig

Spielzeit
5 – 10 Minuten

Spielmaterial
– Zwei Stühle

Spielidee
Die Kinder haben im Winter oft kalte Hände. Bei dieser Spielidee entsteht eine Kombination aus Hände-
wärmen und Reaktionsschnelligkeit.

Spielziele
– Ausweitung der Reaktionsschnelligkeit
– Förderung von Rücksichtnahme

Spielvoraussetzungen
–

Spielerklärung
Die Kinder sitzen sich paarweise auf Stühlen gegenüber. Das erste Kind hat die Hände mit dem
Handrücken nach unten auf den Knien liegen. Das zweite Kind hält seine Hände im Abstand von
20 cm mit dem Handrücken nach oben darüber. Beide Kinder sehen sich in die Augen. Das Kind,
welches die Hände mit der Handfläche nach oben auf den Oberschenkeln liegen hat, beginnt und
versucht mit einer oder beiden Händen, die Handflächen des anderen Kindes zu treffen. Das andere
Kind versucht das Klatschen zu verhindern, indem es seine Hände möglichst schnell zurückzieht.
Nach einer gewissen Spielzeit werden die Rollen getauscht.

Spieltipp
– Die Spielleiterin weist die Kinder daraufhin, dass sie ihre Kräfte moderat einsetzen, um anderen
  Kindern nicht wehzutun.

Spielvariante
–

69 Wirf mir einen guten Wunsch zu

Alter der Kinder
4 – 6 Jahre

Gruppengröße
Beliebig

Spielort
Beliebig

Spielzeit
10 Minuten

Spielmaterial
– ein Softball

Spielidee
Kinder kennen es, Wünsche zu haben, die sich erfüllen und manchmal nicht erfüllen. Nun wünschen sie einem anderen Kind etwas. Es stellt eine Herausforderung dar, den Ball gezielt zu einem anderen Kind zu werfen und gleichzeitig einen Wunsch zu formulieren.

Spielziele
– Förderung der Ausdrucksfähigkeit
– Training der Auge-Hand-Koordination

Spielvoraussetzungen
– altersentsprechende Ballgeschicklichkeit

Spielerklärung
Die Kinder werden gebeten, sich im Kreis aufzustellen. Die Spielleiterin gibt eine Einführung zum Thema gute Wünsche und bittet die Kinder nun, sich Wünsche für andere Kinder zu überlegen, z.B. einen schönen Traum, warme Hände beim Schlittenfahren, den ganzen Nachmittag mit Jannik draußen spielen, das Meerschweinchen von Lisa streicheln dürfen. Ein Kind wird in die Mitte gebeten, wirft einem anderen Kind den Softball zu und formuliert dabei einen Wunsch für dieses Kind. Es versucht, den Ball aufzufangen. Falls es nicht gelingt, hebt es den Ball auf und geht selbst in die Mitte. Es wird so lange gespielt, bis jedes Kind einmal einen guten Wunsch bekommen hat.

Spieltipp
– Die Spielleiterin achtet darauf, dass jedes Kind mindestens einmal an die Reihe kommt.

Spielvariante
– Das Kind in der Mitte darf mehreren Kindern den Ball und die Wünsche zuwerfen.

Die Kinder schulen ihre Wahrnehmungsfähigkeit durch Farb-, Form- und Raumerfassung im Sinne einer mathematischen Frühförderung. Die Freude am Experimentieren und die Risikobereitschaft der Kinder werden bei diesen Spielideen berücksichtigt.

Die Kinder bauen gleichzeitig ihre kognitiven Fähigkeiten durch Bilden und Festigen von Begriffen aus. Die Konzentrationsfähigkeit wird erweitert und an emotionales Erleben dieser besonderen Zeit geknüpft. Durch das Erleben von Ritualen wird das Lernen zusätzlich erleichtert. In Mannschaftsspielen erfahren sie, etwas auszuhalten, sich aber auch zurückzunehmen.

70 Girlande

Alter der Kinder
4 – 6 Jahre

Gruppengröße
Beliebig

Spielort
Im Raum oder draußen

Spielzeit
10 – 15 Minuten

Spielmaterial
– Für jedes Kind 2 Bierdeckel

Spielidee
Die Kinder werden durch die Bierdeckel als Befestigungspunkte zu unterschiedlichen Girlanden verbunden. Damit einher geht die Festigung des Zahlenverständnisses.

Spielziele
– Förderung des mathematischen Grundverständnisses
– Schulung des Sozialverhaltens

Spielvoraussetzungen
– Zahlenkenntnis im Zehnerbereich

Spielerklärung
Die Spielleiterin bespricht mit den Kindern den Begriff „Girlande". Die Kinder bekommen von der Spielleiterin für jede Hand einen Bierdeckel als sogenannten Klebepunkt. Ein Kind wird zum „Girlandenkleber" bestimmt. Es darf nun ansagen, wie viele Kinder mit ihren Klebepunkten eine Girlande bilden. Zusätzlich muss bestimmt werden, wo die Bierdeckel den Körper der anderen Kinder berühren. Die Kinder agieren gemäß der Vorgabe. Kindergruppen, die durch Personenmangel nicht die gewünschte Girlandenlänge erreichen können, müssen dem „Girlandenkleber" rückmelden, wie viele Kinder zur vollständigen Girlandenlänge fehlen. Dann beginnt die nächste Runde.

Spieltipp
– Der „Girlandenkleber" kann durch die schnelle Abfolge seiner Ansagen die Schnelligkeit des Spiels bestimmen.

Spielvariante
–

Alter der Kinder
4 – 6 Jahre

Gruppengröße
Beliebig

Spielort
Im Raum

Spielzeit
10 – 15 Minuten

Spielmaterial
– für jede Gruppe so viele Goldtaler (50 Cent-Stücke) wie Mitspieler
– vier Stühle

Spielidee
Bei dieser Spielidee wandern Goldtaler von einem Anfangs- und Endpunkt, indem die Kinder gezielt die rechte und linke Hand einsetzen müssen. Erleichtert wird die Umsetzung durch die Rhythmisierung in der Gruppe.

Spielziele
– Training der bewussten Rechts-Links-Koordination
– Bereitschaft, sich an die Spielregeln zu halten

Spielvoraussetzungen
– Unterscheidung von rechts und links

Spielerklärung
Die Kinder stellen sich in zwei Gruppen hintereinander auf. Vor und hinter der Kinderreihe steht jeweils ein Stuhl. Auf den beiden Stühlen vor den Kindergruppen werden die Goldtaler (50-Cent-Stücke) auf der Sitzfläche zu einem Turm aufgebaut. Nach dem Startkommando hebt das erste Kind der jeweiligen Gruppe den oberen Goldtaler mit der rechten Hand und gibt diesen mit der linken an das hinter ihm stehende Kind. Dieses nimmt das Geldstück mit der rechten Hand in Empfang und reicht es mit der linken weiter. So wandert der Goldtaler durch die Reihe, bis das letzte Kind ihn mit der linken Hand auf dem hinteren Stuhl ablegt. Dort entsteht im Laufe des Spiels ein neuer Turm. Die Gruppe, die als erstes den Turm zuerst auf dem hinteren Stuhl fertigstellt, hat gewonnen. Falls ein Goldtaler unterwegs herunterfällt oder sogar der Turm einstürzt, muss der Goldtaler zurück nach vorn gebracht und sorgsam auf den Anfangsturm gelegt werden.

Spieltipp
– Die Spielleiterin sensibilisiert die Kinder für die rechte und linke Körperseite durch spielerische Bewusstmachung.

Spielvariante
– Es werden Goldtaler aus Schokolade verwendet, die nach dem Spiel gemeinsam gegessen werden.

72 Kekszahlen

Alter der Kinder
3 – 5 Jahre

Gruppengröße
4 Mitspieler

Spielort
Am Tisch

Spielzeit
5 – 10 Minuten

Spielmaterial
– Selbst gebackene, nicht zu kleine Kekse, in die vor dem Backen Rosinen oder Mandeln gedrückt werden. Es werden 12 Kekse mit Zahlenwerten 1 bis 12 verziert.

Spielidee
Ein gemeinschaftliches Backerlebnis wird ausgeweitet, indem die Kinder die Kekse erst nach dem Spiel verzehren können. Bereits beim Backen der Kekse beschäftigen sich die Kinder mit den verwendeten Mengen und vertiefen ihr Zahlenverständnis beim anschließenden Spiel.

Spielziele
– Differenzierung des Mengen- und Zahlenverständnis
– Förderung kausaler Denkprozesse

Spielvoraussetzungen
–

Spielerklärung
Die Spielleiterin backt im Vorfeld mit den Kindern Kekse. Diese sind mit den Zahlen 1 bis 12 durch Rosinen oder Mandeln verziert. Die mitspielenden Kinder sitzen am Tisch und bekommen verdeckt je 3 Kekse. Das Kind, welches den Keks mit der 1 hat, beginnt. Das Spiel besteht darin, die Kekse in der passenden Reihenfolge aneinanderzulegen. Hat ein Spieler der Reihenfolge nach nicht die richtige Augenzahl auf einem seiner Kekse, muss er passen und weitergeben. In der zweiten Runde legt das Kind den ersten Keks mit der 12 und es wird absteigend gespielt. Danach können die Kekse gegessen werden.

Spieltipps
– Um einen sicheren Halt von Rosinen und Mandeln zu gewährleisten, sollten die Kekse vor dem Backen mit Eigelb bestrichen werden.
– Die Spielleiterin leitet die Kinder an, mit den Keksen in der Spielphase vorsichtig umzugehen.

Spielvariante
– Die Kinder bekommen kleine, braune Pappstücke und farbiges Papier, mit denen sie selbst Pappspielsteine herstellen können. So können sie das Spiel auch ohne selbst gebackene Kekse spielen.

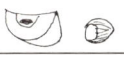
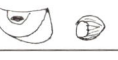

Alter der Kinder
4 – 6 Jahre

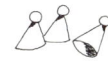

Gruppengröße
3 – 6 Mitspieler

Spielort
Am Tisch

Spielzeit
10 – 15 Minuten

Spielmaterial
– Ein selbst hergestelltes Kartenspiel

Spielidee
Die Kinder gestalten ein Kartenspiel selbst. Anhand des bekannten Kartenspiels „Mogeln" lernen sie sich an Spielregeln zu halten, die aber durch das Ziel, möglichst schnell alle seine Karten loszuwerden, ins Gegenteil verkehrt werden.

Spielziele
– Ausbau der Regeleinhaltung
– Erprobung von Risikobereitschaft

Spielvoraussetzungen
–

Spielerklärung

Im Vorfeld stellen die Kinder ein Kartenspiel her, auf dem die Kerzen in der Anzahl von 1 – 10 abgebildet sind. Diese 10 Karten werden in vierfacher Anzahl angefertigt. Die Karten werden gleichmäßig an die Mitspieler verteilt. Spielziel ist, sich seiner Karten so schnell wie möglich zu entledigen. Das erste Kind legt eine Karte mit dem Rücken nach oben in die Mitte und sagt dabei laut „1". Auf dieser Karte wird nun aufgebaut, indem die Mitspieler ebenfalls verdeckt die entsprechende Karte, also 2, 3 usw., auflegt und die entsprechende Zahl ansagt. Nach der 10 beginnen die Kinder wieder mit der 1.

Dabei darf nun gemogelt werden. Das heißt, die Kinder versuchen eine andere Karte abzulegen, falls sie die gewünschte Karte nicht parat haben. Oder sie mogeln absichtlich, indem sie eine andere Karte hinlegen, als die Reihenfolge es erfordert. Es ist auch möglich zu mogeln, indem unbemerkt statt einer mehrere Karten zugleich aufgelegt werden.

Hat jemand den Verdacht, dass gemogelt wurde, so ruft er laut „Halt!" und deckt die letzte Karte auf. War es wirklich eine falsche Karte, muss der Schwindler sämtliche bereits abgelegte Karten an sich nehmen und eine neue 1 auslegen. War der Spielablauf in Ordnung, so bekommt der misstrauische Mitspieler den ganzen Kartenstapel und beginnt von vorne.

Spieltipp
– Die Spielleiterin fordert die älteren Kinder auf, zusätzlich zu den Kerzen auf den Karten die entsprechenden Ziffern zu notieren.

Spielvariante
–

74 Mechanischer Schneemann

Alter der Kinder
4 – 6 Jahre

Gruppengröße
Paarweise

Spielort
Im Bewegungsraum oder draußen

Spielzeit
10 – 15 Minuten

Spielmaterial
–

Spielidee
Die Kinder entwickeln eine fantasievolle Vorstellung eines ferngesteuerten Schneemanns.
Sie geben vorher festgelegte Kommandos an und führen diese aus.

Spielziele
– Ausbau von Erkennen und Ausführen einzelner Bewegungabfolgen
– Förderung des partnerschaftlichen Umgangs

Spielvoraussetzungen
– Unterscheidung von rechts und links

Spielerklärung
Die Spielleiterin erzählt den Kindern von einer neuen Erfindung: dem ferngesteuerten Schneemann. Da die Erfindung noch nicht ganz fertig ist, benötigt der ferngesteuerte Schneemann immer noch einen Mechaniker an ihrer Seite. Sie bittet die Kinder, sich paarweise zusammenzufinden und festzulegen, wer als erstes die Mechaniker- und Schneemannrolle übernimmt. Der Schneemann geht nun ganz steif los und kann nur von dem Mechaniker mit folgenden Anweisungen gesteuert werden:
– auf die rechte Schulter tippen heißt nach rechts gehen
– auf die linke Schulter tippen bedeutet nach links zu laufen
– vorsichtiges Tippen auf den Kopf kündigt das Stehenbleiben an
– den Rücken berühren ist als Rückwärtslaufen zu verstehen
– an das Bein stupsen bedeutet das Bein hochziehen.
Der Mechaniker kann den Schneemann so durch den ganzen Raum dirigieren, auf ein Signal hin werden die Rollen getauscht.

Spieltipp
– Die Spielleiterin verdeutlicht die Signale, ggf. durch eine Visualisierung.

Spielvariante
–

Alter der Kinder
3 – 6 Jahre

Gruppengröße
Beliebig

Spielort
Drinnen oder draußen

Spielzeit
10 Minuten

Spielmaterial
– Passend zum Spieltext gefertigte Motivkärtchen zum Umhängen
– Säckchen

Spielidee
Die Kinder übernehmen Rollen und reagieren entsprechend der genannten Spielregeln
„Rund um Weihnachten".

Spielziele
– Ausbau der Assoziationsfähigkeit
– Förderung der Konzentrationsfähigkeit

Spielvoraussetzungen
–

Spielerklärung

Die Spielleiterin fertigt passend zum Spieltext Umhängekärtchen an, die auf die entsprechende Kinderzahl abgestimmt sind. Sie bittet die Kinder, sich in einen Kreis zu setzen und jeweils ein Kärtchen aus dem Säckchen zu ziehen. Sie erläutert den Kindern, dass sie bei der Nennung ihres Weihnachtsmotivs aufstehen müssen und beginnt die Geschichte zu erzählen.

Spieltext

Viele Wochen vor dem Weihnachtsfest dachte sich Johannes, dass er mit den Geschenken, die er dieses Jahr benötigt, noch viel Zeit hätte. Er machte sich eine Liste, welche Einkäufe er noch erledigen müsste: Fernglas, Rucksack, Taschenmesser, Taschenlampe, Fußball, Süßigkeiten. Doch dann bummelte er herum, spielte viel mit seinem Freund, kümmerte sich um sein Haustier, baute im Garten einen Schneemann und vergaß dabei das Einkaufen der Geschenke für das Weihnachtsfest.

Als es ihm wieder einfiel, hatte Johannes nur noch zwei Tage Zeit bis zum Weihnachtsfest. Er beeilte sich, in die Geschäfte zu kommen. Doch mit Schrecken stellte er fest, dass die Geschenke, die er einkaufen wollte, bereits ausverkauft waren. Es gab kein Fernglas mehr, kein Rucksack hatte die richtige Farbe, die Taschenmesser und Taschenlampen waren viel zu teuer, der Fußball im Geschäft gefiel ihm nicht. Sogar die Süßigkeiten passten nicht zum Weihnachtsfest. Er musste mit leeren Einkaufstaschen nach Hause zurückgehen. Missmutig dachte er darüber nach, wie das Weihnachtsfest wohl dieses Jahr ver-

laufen würde. Auf keinen Fall wollte er zu seinen Freunden ohne Geschenke wie Fernglas, Rucksack, Taschenmesser, Taschenlampe, Fußball und Süßigkeiten gehen.

Als er sich auf das Bett legte und ganz lange nachdachte, kam ihm plötzlich eine Idee für das Weihnachtsfest. Anstelle der gekauften Geschenke wie Fernglas, Rucksack, Taschenmesser, Taschenlampe, Fußball und Süßigkeiten wollte er selbst etwas für seine Freunde basteln. Schnell holte er alles Material her, fing an zu hämmern und zu werkeln. Er baute für jeden Freund eine kleine Schatzkiste, in die er eine Murmel hineinlegte. Er verpackte die Schatzkisten schön und froh ging gelaunt zum Weihnachtsfest. Als Johannes Freunde ausgepackt hatten, konnte er an ihren Augen erkennen, dass er ihnen ein sehr schönes Geschenk bereitet hatte. Am Weihnachtsfest waren seine Freunde auch ohne Geschenke wie Fernglas, Rucksack, Taschenmesser, Taschenlampe, Fußball und Süßigkeiten sehr froh.

Spieltipp
– Vor dem Vorlesen bespricht die Spielleiterin die Bildkärtchenmotive mit den Kindern.

Spielvariante
–

76 Tannenbaum schmücken

Alter der Kinder
4 – 6 Jahre

Gruppengröße
4 Kinder für einen Tannenbaum

Spielort
Drinnen am Tisch

Spielzeit
10 – 15 Minuten

Spielmaterial
– Umriss vom Tannenbaum auf grüner Pappe in DIN A3-Größe
– Wachsmalstifte
– einen Würfel

Spielidee
Die Kinder malen regelgebunden durch die Würfelzahl Tannenbaumschmuck auf. Dabei agieren sie nacheinander in ihrer Kleingruppe und gestalten ein Gemeinschaftswerk.

Spielziele
– Ausbau des Zahlenverständnisses von 1 – 6
– Lernen von Spielregeln
– Förderung der Begriffsbildung

Spielvoraussetzungen
–

Spielerklärung
Die Spielleiterin leitet die Kinder an, für jede Gruppe den Umriss eines Tannenbaumes auf grüner Pappe aufzuzeichnen. Sie legt Stifte und Würfel zurecht. Sie erklärt den Kindern, dass sie je nach gewürfelter Augenzahl ein festgelegtes Motiv auf den Baum malen können:
– 6 = Kerze
– 5 = Kugel
– 4 = Stern
– 3 = Lametta/Stück Girlande
– 2 = Schokoladenkringel
– 1 = Das Kind darf sich etwas aussuchen.
Nach Fertigstellung werden die Werke der Kinder im Raum aufgehängt.

Spieltipp
– Die Spielleiterin dreht das Bild zu dem Kind, das gerade an der Reihe ist.

Spielvariante
– Jedes Kind malt seinen eigenen Tannenbaum und darf diesen mit nach Hause nehmen.

Alter der Kinder
3 – 6 Jahre

Gruppengröße
4 – 6 Kinder

Spielort
Im Gruppenraum

Spielzeit
10 – 15 Minuten

Spielmaterial
– Von den Kindern selbst gesammelte, große Zapfen von Nadelbäumen
– Kleine Gegenstände in zweifacher Ausfertigung, wie z.B. Bucheckern, kleine Steinchen, Krepppapier, Pappstückchen, Gewürzstückchen, Perlen, Schleifenband
– Kleber
– ein großer Karton mit Deckel mit zwei seitlichen Fühlöffnungen

Spielidee
Die Kinder erkennen, dass selbst gesammelte Naturmaterialien mit kleinen Hilfsmitteln als Spielmaterial verwendet werden können. Der Tastsinn wird dabei herausgefordert, gleiche Sachen zu erfühlen und zu benennen. Die visuelle Überprüfung schließt sich an.

Spielziele
– Förderung der taktilen Wahrnehmungsfähigkeit
– Ausbau der Erlebnisfähigkeit beim Umgang mit dem Material

Spielvoraussetzungen
–

Spielerklärung
Die Spielleiterin sammelt mit den Kindern Zapfen von verschiedenen Nadelbäumen in der Umgebung. Sie leitet die Kinder an, die Zapfen mit den oben genannten Materialien zu verzieren. Während des Schmückens der Zapfen mit den Kindern achtet sie darauf, dass jeweils zwei gleich große Zapfen mit denselben Materialien versehen werden. Die fertigen Zapfen werden vorsichtig in einen Karton gestellt, in dem die Spielleiterin vorher zwei Fühlöffnungen in die Seiten geschnitten hat. Die Kinder werden nacheinander aufgefordert, zwei gleiche Zapfen zu ertasten, das Verzierungsmaterial zu benennen und diese dann aus dem Kasten zu holen, um ihre Aussagen zu überprüfen. Bei falscher Zuordnung erhält das Kind eine neue Chance. Die richtig zugeordneten Zapfen werden beiseitegelegt, das nächste Kind ist an der Reihe.

Spieltipps
– Das Erfolgserlebnis für jüngere Kinder wird erhöht, wenn sie erst später an die Reihe kommen, weil dann nicht mehr so viele Zapfenpaare im Karton sind.
– Wenn Kindern die Zuordnung sehr schwer fällt, dürfen sie in Ausnahmefällen durch die Fühlöffnung blinzeln.

Spielvariante
– Der Karton kann auch als Fühlkiste für andere Weihnachtsmaterialien dienen.
– Jedes Kind gestaltet sich einen eigenen Weihnachtsfühlkarton.

 Alter der Kinder
4 – 6 Jahre

 **Gruppengröße**
4 – 6 Kinder

 Spielort
Im Gruppenraum am Tisch

 Spielzeit
10 – 15 Minuten

 Spielmaterial
– Ein vorbereiteter Würfel mit sechs Symbolen: Stern, Tannenbaum, Keks, Kerze, Schlitten, Schneemann
– Ein Spielblatt und ein Stift für jedes Kind

 Spielidee
Bei dieser Spielidee notieren die Kinder die Häufigkeit von gleichen Symbolen. Sie lernen regelgebunden zu agieren.

 Spielziele
– Förderung erster mathematischer Grundkenntnisse
– Ausweitung der Frustrationstoleranz

 Spielvoraussetzungen
–

Spielerklärung
Die Spielleiterin bereitet mit den Kindern einen besonderen Würfel vor, der die oben genannten Symbole auf den Seiten zeigt. Dann erarbeitet sie mit den Kindern die linke Seite eines Spielblattes, auf dem die gleichen Symbole untereinander gezeichnet werden. Jedes Kind behält sein Spielblatt und einen Stift. Die Kinder beginnen mit Würfeln. Jedes Kind macht zehn Würfe hintereinander. Es notiert jeweils mit einem Kreuz, wie oft es welches Symbol erwürfelt hat. Am Ende werden die Häufigkeiten der gewürfelten Symbole ermittelt.

 Spieltipp
– Bei jüngeren Kindern kann das Spielblatt von der Spielleiterin vorgegeben werden.

 Spielvariante
– Bei älteren Kindern wird mit einem Zahlenwürfel gespielt. Die gewürfelten Ziffern finden sich auf dem Spielblatt wieder und werden am Ende addiert.

Alter der Kinder
4 – 6 Jahre

Gruppengröße
6 – 8 Kinder

Spielort
Im Treppenhaus, im Bewegungsraum oder draußen

Spielzeit
10 – 15 Minuten

Spielmaterial
– Einen Schaumstoffwürfel

Spielidee
Eine Treppe bekommt eine neue Bedeutung, indem die Stufen mit den Bedingungen des Würfelspiels verknüpft werden. Die Kinder bestimmen durch das Würfeln die Schnelligkeit des Spiels.

Spielziele
– Förderung des Verständnisses für Kausalzusammenhänge
– Bereitschaft, in der Kleingruppe regelgebunden zu agieren

Spielvoraussetzungen
– Zahlenverständnis von 1 – 6

Spielerklärung
Die Spielleiterin verwandelt die Kinder in Wichtel, die möglichst schnell zur oberen Treppenstufe kommen wollen, um einen Wichtelauftrag zu erfüllen. Die Wichtel können aber nur nach bestimmten Bedingungen die Treppe erklimmen. Die Augenzahl des Würfels bestimmen die Aktionen auf der Treppe:
Bei einer 1 darf das würfelnde Kind eine Stufe höher gehen.
Bei einer 2 dürfen alle Mitspieler eine Treppenstufe weiter gehen.
Bei einer 3 darf das würfelnde Kind drei Stufen auf allen Vieren hinaufkrabbeln.
Bei einer 4 müssen alle Kinder eine Stufe nach unten gehen.
Bei einer 5 darf der Würfler ein beliebiges Kind eine Stufe nach unten schicken.
Bei einer 6 müssen alle Kinder aussetzen.
Gewonnen hat der Wichtel, der als erstes die obere Treppenstufe erreicht hat. Er darf bestimmen, welche Aufgaben in der nächsten Runde mit den Würfelzahlen verknüpft sind.

Spieltipp
– Im Bewegungsraum kann mit Kästen eine Treppe nachgebaut werden. Draußen werden die Stufen mit Kreide wie Hinkekästchen aufgemalt.

Spielvariante
–

Alter der Kinder
3 – 6 Jahre

Gruppengröße
Beliebig

Spielort
Draußen oder in einem großen Raum

Spielzeit
10 – 20 Minuten

Spielmaterial
– Selbst gesammelte und geschnittene Stöckchen und Äste
– Rosenscheren, kleine Holzsägen

Spielidee
Aus selbst gesammelten und geschnittenen Stöckchen und Ästen wird gemeinsam ein Gemeinschaftsbild gelegt.

Spielziele
– Ausbau von neuen Materialerfahrungen
– Handhabung von Werkzeugen

Spielvoraussetzungen
–

Spielerklärung
Die Spielleiterin sammelt im Vorfeld mit den Kindern im offenen Gelände, am Feldrand oder im Wald Astabschnitte. Diese werden entblättert und bilden das Baumaterial für ein Winterdorf, welches flach auf die Erde gelegt wird. Sie regt dabei die Kinder an, sich mit dem Aufbau von Städten und Dörfer auseinanderzusetzen. Gegebenenfalls zerteilen die Kinder das Material mit Rosenscheren und kleinen Sägen in entsprechende Größe. Nach der Fertigstellung des Gemeinschaftswerkes schauen alle Kinder sich das „Winterdorf" an.

Spieltipps
– Die Spielleiterin gibt den Kindern im Umgang mit dem Werkzeug eine Einweisung.
– Sie erkundigt sich vorher, was von den Sträuchern oder Bäumen abgeschnitten werden darf.
– Das Gemeinschaftswerk kann zur Dokumentation auf einem Foto festgehalten und evtl. mit weiteren Fotos verglichen werden.

Spielvariante
– Die Kinder legen ihr Bild auf eine große Pappe und kleben es am Ende fest.

Alter der Kinder
3 – 6 Jahre

Gruppengröße
Beliebig

Spielort
Im Bewegungsraum oder draußen

Spielzeit
10 – 15 Minuten

Spielmaterial
– Eine lange Zauberschnur

Spielidee
Die Kinder schätzen ihre Körpergröße ein und wenden dieses Ermessen beim Unterqueren einer unterschiedlich hohen Zauberschnur an.

Spielziele
– Ausbau der Verbindung von Schätzvermögen mit realen Größen
– Steigerung des Selbstwertgefühls

Spielvoraussetzungen
–

Spielerklärung
Die Spielleiterin spannt im Raum eine Zauberschnur, die an der einen Seite 0,20 m vom Boden entfernt ist, an der anderen ca. 1,20 m. Sie erklärt den Kindern, dass dieses ein Winterzaun ist, der einen Weg von einer Weide trennt. Die Kinder sollen nun an der Stelle unter dem Zaun hindurch gehen, wo sie gemäß ihrer Körpergröße ohne Berührung der Zauberschnur hindurchpassen. Wird der Zaun berührt, muss sich jedes Kind in ein Tier verwandeln, das auf allen Vieren hinunter- oder herübersteigen muss. Die Kinder benennen dabei, welches Tier sie sind. Gelingt den Kindern dieses, können sie die Tierrolle wieder verlassen.

Spieltipp
– Um den Kindern eine Vorstellung ihrer Körpergröße zu vermitteln, können sie am Anfang des Spiels an einer Messlatte oder mit einem Zollstock diese ermessen.

Spielvariante
– Die Kinder gehen zu zweit unter der Schnur durch.

Sprechspaß auf zauberhaften Spuren

Bei diesen Spielideen werden Sprachentwicklung und -förderung mit Spaß verbunden. In der heutigen Zeit wird gerade beobachtet, dass Kinder besonders in diesem Bereich gestärkt werden müssen. Die Kommunikationsfähigkeit der Kinder steht im Mittelpunkt und wird durch Begriffsbildung und Artikulationsfähigkeit angeregt. Alle weiteren Lernbereiche werden gleichermaßen berücksichtigt. So werden u.a. im senso-motorischen Bereich die Mundmotorik ausgebaut, im emotional-affektiven Bereich das Selbstvertrauen gestärkt und im psycho-sozialen Bereich die Rücksichtnahme im Verhalten zu anderen Kindern und im Umgang mit Materialien gefestigt. Auf einer weiteren Ebene wird bei allen Aktivitäten das „Weihnachtsgefühl" angesprochen.

Alter der Kinder
3 – 6 Jahre

Gruppengröße
6 – 25 Kinder

Spielort
Drinnen und draußen

Spielzeit
5 – 10 Minuten

Spielmaterial
–

Spielidee
Die Kinder erleben erste Choreffekte, indem sie in einer kleinen Gruppe ein Wort auf einer bestimmten Tonhöhe intonieren. Dabei ist es wichtig, sich nicht von den anderen Gruppen beeinflussen zu lassen. Die gesamte Gruppe erzielt mit ihren unterschiedlichen Gesängen ein außergewöhnliches Adventskonzert.

Spielziele
– Förderung von neuen Ausdrucksmitteln
– Schulung der Fokussierung auf die gestellte Artikulationsaufgabe

Spielvoraussetzungen
–

Spielerklärung
Die Kinder werden in drei Gruppen eingeteilt, die jeweils zusammenstehen. Die Gruppen bekommen unterschiedliche Übungsaufgaben. Gruppe 1 singt mit hoher Stimme in abgehackter Weise Kerzenschein, die zweite Gruppe etwas langsamer und tiefer Sternenglanz und die Gruppe 3 tief und langsam Tannenwald. Wenn alle Gruppen einzeln geübt haben, singen sie ihre Partituren gleichzeitig.

Spieltipp
–

Spielvarianten
– Die Gruppen tauschen nach Belieben ihre Stimmlagen aus.
– Die Kinder denken sich selbst Wörter aus, die zu der Zeit passen.

83 Adventspost

Alter der Kinder
4 – 6 Jahre

Gruppengröße
10 – 12 Kinder

Spielort
Drinnen und draußen

Spielzeit
5 – 10 Minuten

Spielmaterial
–

Spielidee
Die Kinder merken sich wechselnde Kinderkonstellationen und sagen vorgegebene Sätze deutlich, aber leise weiter.

Spielziele
– Förderung der Artikulationsfähigkeit
– Erweiterung der Aufmerksamkeitsspanne

Spielvoraussetzungen
–

Spielerklärung
Die Kinder stehen im Kreis und merken sich ihren linken Nachbarn. Die Spielleiterin fordert die Kinder auf, nun kreuz und quer durcheinanderzulaufen. Währenddessen flüstert sie einem Kind einen Satz oder ein Wort ins Ohr. Dieses Kind sucht seinen ehemals linken Nachbarn, geht zu ihm und flüstert ihm die Botschaft weiter. Diese Aktion setzt sich fort, bis das letzte Kind erreicht ist, welches nun den Finger hebt. Die Kindergruppe bleibt still stehen und lauscht der Adventspost, die das letzte Kind laut ausspricht. Die gesamte Gruppe vergleicht die Aussage mit dem Ursprungssatz. Eine neue Kreisformation wird gebildet, ein Kind denkt sich eine Adventspost aus und schickt diese los.

Spieltipp
–

Spielvariante
–

Alter der Kinder
5 – 6 Jahre

Gruppengröße
Paarweise

Spielort
Drinnen und draußen

Spielzeit
10 Minuten

Spielmaterial
– Pro Kind einen selbst hergestellten Engelskopf aus Pappe, die einen Mundausschnitt haben,
  durch den ein Finger des Spielers passt.

Spielidee
Die Kinder nehmen die Rolle eines Engels ein, der mit einem anderen Engel einen Dialog führt.
Die zusätzliche Anforderung besteht darin, einen Finger als Zungenersatz synchron zum Sprechen
zu bewegen.

Spielziele
– Förderung des Sprachverständnisses
– Schulung der manuellen Geschicklichkeit in Verbindung mit den Worten

Spielvoraussetzungen
–

Spielerklärung
Jedes Kind fertigt sich nach einer Vorlage einen Engelskopf mit Mundausschnitt an. Die Kinder
stecken einen ihrer Finger durch den Mundausschnitt und sind aufgefordert, diesen im weiteren
Spielverlauf wie eine Zunge zu bewegen. Die Spielleiterin bittet die Kinder, sich in Paaren
zusammenzufinden und über ein besonderes Erlebnis oder ihre Wünsche für Weihnachten zu
erzählen. Nach Ablauf der Spielzeit finden sich die Engel im Kreis ein und jeder sagt einen Satz.

Spieltipp
– Bei jüngeren Kindern kann eine Bilderbuchbetrachtung vorausgehen.

Spielvariante
– Die Paare werden getauscht, die Engel berichten sich gegenseitig über die Erzählungen ihres
  vorherigen Partners.

85 Gänsebraten

Alter der Kinder
4 – 6 Jahre

Gruppengröße
6 – 10 Kinder

Spielort
Drinnen im Bewegungsraum oder draußen

Spielzeit
7 – 10 Minuten

Spielmaterial
–

Spielidee
Ein Kind bekommt zu Beginn des Spiels eine besondere Rolle, in der sie über die Zielerreichung der anderen Kinder durch geschickte Wortwahl bestimmt. Die mitspielenden Kinder beeinflussen durch ihre Schrittlänge, wann sie die Kochfee erreichen und ihre Rolle übernehmen können.

Spielziele
– Förderung der Wortfindung
– Schulung der Silbenbildung

Spielvoraussetzungen
–

> **Spielerklärung**
> Die Spielleiterin bestimmt das erste Kind, welches die Hauptrolle einer „Kochfee" übernimmt. Die anderen Kinder stellen sich in ca. fünf Metern an einer Startlinie auf. Diese Mitspieler fragen, was die Kochfee an diesem Tag kocht. Diese nennt ein Gericht, z.B. Gän-se-bra-ten. Pro Silbe des Wortes oder der Wörter dürfen die Kinder mit beliebiger Schrittlänge auf die Kochfee zukommen. Wer zuerst bei der Kochfee angekommen ist, übernimmt ihre Rolle. Wenn die Kochfee etwas nennt, was man nicht kochen kann, z.B. Schnee-ge-stö-ber, müssen die anderen Kinder zur Startlinie zurückgehen.

Spieltipps
– Wenn die Spielleiterin bemerkt, dass die Kochfee den Trick mit dem nicht kochbaren Wort zu oft einsetzt, wird diese Variante auf eine Verwendung begrenzt.
– Vor dem Spiel sollte die Spielleiterin gemeinsam mit den Kindern verschiedene Gerichte aufzählen und bewusst die Silben betonen. Dabei sollten auch Gerichte aus dem kindlichen Geschmacksbereich zugelassen werden, z.B. Spaghetti.

Spielvariante
–

Alter der Kinder
4 – 6 Jahre

Gruppengröße
Beliebig

Spielort
Im einem Bewegungsraum oder draußen

Spielzeit
5 – 10 Minuten

Spielmaterial
– Kreppband für die Startlinie
– Ein Sandsäckchen

Spielidee
Die Kinder geben vor dem eigentlichen Spiel ihre Einschätzung ab, welche Entfernung sie in einer bestimmten Zeit zurücklegen können. Durch die vorgegebenen Wörter schulen sie gleichzeitig ihre Sprache in Tempo und Artikulation.

Spielziele
– Förderung der Sprache
– Schulung der geschätzten Raumerfassung

Spielvoraussetzungen
–

Spielerklärung
Die Spielleiterin erklärt den Kindern, dass sie ein langes Wort sprechen sollen. Währenddessen schreiten sie einen Weg ab. Bevor die Kinder losgehen, schätzen sie ihre zurückzulegende Wegstrecke ab und markieren das Ziel mit einem Sandsäckchen. An einer vorher festgelegten Startlinie stellen die Kinder sich auf. Die Spielleiterin spricht das vereinbarte Wort und gibt am Ende das Startkommando. Die Kinder sprechen beim Gehen das Wort nach. Am Ende des Wortes bleiben sie stehen und vergleichen die tatsächlich zurückgelegte Strecke mit ihrer Schätzung.

Spieltext

– Lebkuchenhaustürklinke
– Keksteigausstechform
– Weihnachtsbaumständer
– Adventskalendertürchen

– Geschenkbandschleife
– Kinderpunschbecher
– Weihnachtsmarktbesucher
– Weihnachtsmannrentierschlitten

Spieltipps
– Die Spielleiterin sagt die Wörter vor dem Startkommando zwei- oder dreimal vor.
– Sie kann Kindern den Tipp geben, schneller zu gehen als zu sprechen.

Spielvariante
– Die Kinder denken sich selbst Wörter aus.

87 Schneekette

Alter der Kinder
4 – 6 Jahre

Gruppengröße
Paarweise

Spielort
Drinnen oder draußen

Spielzeit
10 Minuten

Spielmaterial
– Pro Kind einen Korken
– Verschiedene, von den Kindern gemalte Bildkarten mit unterschiedlichen Motiven zur Jahreszeit, jedes Paar erhält davon vier
– Pappe, Stift, Scheren

Spielidee
Bei diesem Spiel fördern die Kinder ihre Mundmotorik und Ausdrucksfähigkeit, indem erst paar-, dann gruppenweise mit einem Hindernis zwischen den Zähnen gezielt Bildkarten beschrieben werden.

Spielziele
– Training der Mundmotorik
– Förderung der Ausdrucksfähigkeit
– Ausbau der Kooperationsfähigkeit

Spielvoraussetzungen
–

Spielerklärung
Die Spielleiterin bespricht mit den Kindern unterschiedliche Bildmotive zur Jahreszeit. Sie bittet die Kinder, auf Pappen mit Bildkartenumrissen solche Motive nach eigenen Vorstellungen zu malen. Nun fordert sie die Kinder auf, sich in Paare aufzuteilen. Sie verteilt einen Korken pro Kind und lässt die Kinder vier Bildkarten ziehen. Sie erklärt, dass ein Kind des Paares zuerst der Sprecher ist und als Erschwernis beim Sprechen einen Korken zwischen den Zähnen halten muss. Das andere Kind ist der Bildkartenhalter, der die Karten nacheinander zeigt. Sieht das erste Kind das Bildmotiv, muss es dieses beschreiben. Der Bildkartenhalter lobt, wenn das Kind seine Sache gut gemacht hat und verstanden werden konnte. Anschließend werden die Rollen getauscht. Sind alle Kinder mit dieser Aufgabe fertig, wird aus den Bildkarten eine lange Schneekette so gelegt, dass eine Geschichte entstehen kann, die von den Kindern gemeinsam mit Korken im Mund erzählt wird.

Spieltipp
– Die Spielleiterin legt für das Legen der Schneekette eine Redeordnung fest.

Spielvariante
–

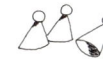

Alter der Kinder
4 – 6 Jahre

Gruppengröße
2 – 10 Kinder

Spielort
Drinnen und draußen

Spielzeit
5 – 10 Minuten

Spielmaterial
–

Spielidee
Die Kinder lernen bei dieser Spielidee zuzuhören und etwas Vorgegebenes nachzusprechen.
Das von einem Kind eingebrachte Füllwort aus der Schneemannsprache muss mit der entsprechenden
Bedeutung versehen werden. Ihre Kreativität wird gefördert, wenn sie im letzten Schritt sich selbst einen
Satz mit einem Füllwort ausdenken.

Spielziele
– Schulung der Begriffsbildung in enger Verzahnung mit der
– Förderung der Kreativität

Spielvoraussetzungen
–

Spielerklärung
Die Spielleiterin fordert ein Kind auf, ein Geräusch zu artikulieren, wie z.B. „Summ", „Brrr", „Piep".
Alle anderen Mitspieler nehmen jeweils dieses Geräusch in einen ausgedachten Satz auf, z.B.
– „Alle Schneemänner haben einen Summ auf dem Kopf."
– „Im Winter gibt es viele Summs."
– „Alle Kinder mögen gerne Summ."
Dabei gibt es für das Füllwort durchaus mehrere richtige Bedeutungen. Nacheinander sprechen die
Kinder ihren Satz dem ersten Kind vor, das nun die richtige Bedeutung des Füllwortes sagt.
Die anderen Kinder bestätigen oder korrigieren die erratenen Bedeutungen. In der nächsten
Spielrunde nennt ein anderes Kind ein Geräusch und wird selbst zum Rater.

Spieltipp
– Die Spielleiterin führt eine Proberunde durch.

Spielvariante
–

89 Spuren im Schnee

Alter der Kinder
3 – 6 Jahre

Gruppengröße
10 – 12 Kinder

Spielort
Drinnen im Gruppenraum oder draußen

Spielzeit
5 – 10 Minuten

Spielmaterial
– Selbst hergestellte Kartenpaare mit Spuren von Tieren im Schnee, pro Spielertandem mindestens zwei
  Kartenpaare sowie Bilder der dazugehörigen Tiere.

Spielidee
Die Spielidee beinhaltet Wissenserwerb über Tierspuren aus der heimischen Tierwelt. Die Kinder
betrachten das Symbol auf ihren Karten differenziert und suchen nach einem Partner mit dem gleichen
Symbol.

Spielziele
– Förderung der selektiven Wahrnehmung
– Erwerb von Wissen

Spielvoraussetzungen
–

Spielerklärung
Die Kinder erhalten verdeckt jeweils eine Spielkarte mit Tierspuren und schauen sich diese genau an.
Sie gehen im Raum herum und suchen das Kind, welches die Karte mit den gleichen Fußspuren hat.
Anschließend stellen sie sich paarweise auf und stellen Vermutungen an, zu welchem Tier die Spuren
gehören. Die Spielleiterin ordnet mit den Kindern gemeinsam die Bilder der Tiere den Spuren zu.

Spieltipp
– Ein Ausflug in den Wald unter sachkundiger Führung eines Försters kann die Spielidee ausweiten.

Spielvarianten
– Die Bilder der Tiere werden auf ein großes Plakat geklebt. Die Kinderpaare ordnen ihre Spuren dem
  jeweiligen Tier zu. Erst dann kann die Spielleiterin gemeinsam mit den Kindern die Ergebnisse prüfen.
– Die Kinder können den Eltern bei einem Eltern-Kind-Nachmittag dieses Wissen vermitteln.

Alter der Kinder
4 – 6 Jahre

Gruppengröße
5 – 6 Kinder

Spielort
Am Tisch

Spielzeit
5 – 10 Minuten

Spielmaterial
–

Spielidee
Diese Spielidee kommt dem Bedürfnis der Kinder entgegen, für eine Gruppe eine Führungsposition einzunehmen. Zusätzlich wird herbei dem Wunsch entsprochen, die dunkle Adventszeit mit Lichtern in Form von Sternen zu erhellen.

Spielziele
– Rhythmisches Sprechen eines vorgegebenes Textes
– Förderung der Reaktionsschnelligkeit

Spielvoraussetzungen
Kognitives Verständnis des Textes in Verbindung mit der geforderten Handlung

---

Spielerklärung
Alle Kinder sitzen um einen Tisch herum und legen die Handflächen beider Hände auf den Tisch. Die Kinderhände bilden einen Kreis. Die Spielleiterin kreist mit ihrer Hand über die Hände der Kinder, ohne diese zu berühren, und spricht dabei rhythmisch den Spieltext. Beim letzten Wort „gefangen" sollen die Kinder ihre Hände wegziehen. Die Spielleiterin versucht schnell eine Kinderhand zu berühren. Wenn ein Kind berührt wird, muss es die erwischte Hand auf den Rücken legen und darf nur noch mit einer Hand in der nächsten Runde mitspielen. Wenn alle Kinder reaktionsschnell waren, geht es gleich weiter. Es werden so viele Runden gespielt, bis nur noch ein Kind übrig bleibt. Dieses übernimmt dann die Rolle des Sternenfängers.

Spieltext
Ich suche, suche Sterne, in der weiten Ferne. Ich bin die ganze Nacht gegangen und hab noch keinen Stern gefangen.

Spieltipps
– Die Spielleiterin macht den Kindern vor, dass man langsamer oder schneller sprechen kann, um die Mitspieler zu überlisten.
– Wenn die Kinder zu schüchtern sind, können sie die Rolle des Sternenfängers an ein anderes Kind abgeben.
– Die Spielleiterin muss bei Textunsicherheit als „Doppelgängerin" agieren.

Spielvariante
– Die Kinder bekommen mit Kinderschminke Sterne auf die Handrücken gemalt oder gestalten sich die Bemalung gegenseitig.

91 Weihnachts-
fotograf

Alter der Kinder
4 – 6 Jahre

Gruppengröße
Paarweise

Spielort
Drinnen und draußen

Spielzeit
10 – 15 Minuten

Spielmaterial
– Postkarten oder Fotos mit kindgerechten Weihnachtsmotiven

Spielidee
Die Kinder werden dahin geführt, visuelle Eindrücke als Momentaufnahmen wahrzunehmen,
sich zu merken und nach einer gewissen Zeit wieder abzurufen.

Spielziele
– Schulung der Begriffsbildung
– Ausbau von partnerschaftlichem Einfühlungsvermögen

Spielvoraussetzungen
–

Spielerklärung
Die Kinder finden sich zu Paaren zusammen. Die Spielleiterin erläutert den Kindern, dass ein Kind
jeweils der Fotograf, das andere der Fotoapparat ist. Das Fotoapparat-Kind wird mit geschlossenen
Augen zu bestimmten Plätzen geführt. Dort ist jeweils ein Weihnachtsmotiv zu sehen. Der Fotograf
tippt dem Fotoapparat-Kind vorsichtig auf den Kopf, dieses macht kurz die Augen auf, erstellt ein
„Foto" von dem gesehenen Bild und schließt die Augen sofort wieder. Nach drei Fotos beschreibt das
Fotoapparat-Kind ausführlich die gesehenen Bilder und versucht sie im Raum wiederzufinden.

Spieltipps
– Die Anzahl der Bilder bzw. Fotos können je nach Entwicklungsstand der Kinder erhöht werden.
– Die Spielleiterin macht den Vorgang einmal mit einem Kind vor, um den genauen Ablauf zu
  verdeutlichen.

Spielvarianten
– Die Kinder malen im Vorfeld eigene Bilder malen, die verwendet werden.
– Es werden im Raum verschiedene Weihnachtslandschaften gestaltet, die als Fotomotive genutzt werden.

Alter der Kinder
4 – 6 Jahre

Gruppengröße
Paarweise

Spielort
Drinnen und draußen

Spielzeit
5 – 10 Minuten

Spielmaterial
–

Spielidee
Die Kinder arbeiten zu zweit zusammen, sie versuchen synchron einen vorgegebenen Text zu sprechen, während sie sich rhythmisch bewegen.

Spielziele
– Förderung des rhythmischen Sprechens
– Ausbau der Auge-Hand-Koordination

Spielvoraussetzungen
–

Spielerklärung
Die Spielleiterin sagt den Kindern den Spieltext vor. Sie erläutert, dass die Kinder mit erhobenen Händen paarweise gegenüberstehen und den Text mit den Bewegungen rhythmisch verknüpfen.
Folgender Ablauf ist für die einzelnen Zeilen einzuhalten:

1) Die Kinder klatschen sich einmal selbst in die Hände.
2) Die rechte Hand des einen Kindes klatscht auf die rechte Hand des anderen.
3) Es wird wieder in die eigenen Hände geklatscht.
4) Die linke Hand des einen Kindes klatscht auf die linke Hand des anderen.
5) Es wird wieder in die eigenen Hände geklatscht.
6) Beide Hände beider Kinder berühren sich dreimal hintereinander.
7) Dieser Vorgang wiederholt sich bis zur letzten Zeile des Spieltextes.
8) Bei der letzten Zeile werden dreimal die Hände gedrückt.

Spieltext
Bei Meiers ist Advent, -vent, -vent,
so schnell die Kerze brennt, brennt, brennt.
Die Nüsse auf dem Tisch, Tisch, Tisch,
sind im Dezember frisch, frisch, frisch.
Sind die Fenster schön geschmückt, -schmückt, -schmückt,
wird die Hand gedrückt, -drückt, drückt.

Spieltipp
– Die Spielleiterin beginnt mit den Kindern sehr langsam und steigert dann allmählich das Tempo.

Spielvariante
–

93 Weihnachts-
maus

Alter der Kinder
3 – 6 Jahre

Gruppengröße
6 – 25 Kinder

Spielort
Drinnen und draußen

Spielzeit
15 Minuten

Spielmaterial
– eine Turnmatte

Spielidee
Die Kinder hören eine Geschichte und müssen bei bestimmten Stichwörtern Bewegungselemente
ausführen. In einer rituellen Abfolge sprechen sie einen vorgegebenen Text rhythmisch.

Spielziele
– Förderung der Grobmotorik
– Ausbau der sprachlichen Geschicklichkeit

Spielvoraussetzungen
–

Spielerklärung

Die Kinder sitzen im Kreis zusammen und die Spielleiterin erzählt die Geschichte der Weihnachtsmaus. Immer wenn das Wort
„Maus" erwähnt wird, müssen alle Kinder schnell auf eine Matte in einen entlegenen Winkel des Raumes flüchten. Haben sie
sich in Sicherheit gebracht, kommen sie mit folgendem Gedicht (Spieltext 2) zur Spielleiterin zurück.

Spieltext 1 (Geschichte)

Es waren einmal viele Engel. Die bereiteten ein großes
Weihnachtsessen für viele Familien vor. Plötzlich wurde ein
Engel am Fuß gekitzelt. Er schaute nach unten und sah eine
kleine MAUS. Die Engel kochten, backten und verfeinerten die
leckersten Gerichte. Plötzlich glaubte ein Engel, seinen Augen nicht trauen zu können, als er zu dem Tablett mit dem
Pfefferkuchen sah. Dort war doch tatsächlich ein Stück ange-
knabbert. Er verdächtigte zuerst die anderen Engel. Gerade
als er anfangen wollte zu schimpfen, sah er hinter dem Tab-

lett die kleine MAUS, die noch Krümel an ihrem Schnäuzchen
hatte. Die Engel mussten sich nun schon ziemlich mit ihren
Vorbereitungen in der Küche beeilen, weil das Weihnachtsfest immer näher kam. Als sie die gebackenen Lebkuchen-
häuser auf das obere Regal zum Trocknen stellen wollten,
bemerkte einer der Engel das Schwänzchen der MAUS. Als die
Engel mit ihren Vorbereitungen für das große Weihnachts-
mahl fertig waren, legten sie sich schlafen und träumten von
der MAUS.

Spieltext 2 (Gedicht)

Ei, wer kommt denn da daher?
Ist das nicht ein großer Bär?
Oder gar ein Elefant
aus dem fernen, fremden Land?
Nein, es ist ein kleines Mäuschen

und es sucht nach seinem Häuschen.
Ei, wo ist es denn?
Sag' es doch.
Dahinten ist das kleine Mauseloch.

Spieltipp
– Die Kinder können die Geschichte beliebig verlängern.

Spielvariante
–

Alter der Kinder
4 – 6 Jahre

Gruppengröße
4 – 6 Kinder

Spielort
Drinnen im Bewegungsraum oder draußen

Spielzeit
7 – 10 Minuten

Spielmaterial
– Softball

Spielidee
Die Kinder wenden ihnen bereits bekannte Weihnachtswörter an und entwickeln neue Ideen zur Wortfindung in der Weihnachtszeit. Diese Sprachförderung erfolgt nicht isoliert, sondern ist in ein Ballspiel eingebunden. Dadurch ist auch noch die Reaktionsschnelligkeit der Kinder gefordert.

Spielziele
– Förderung der Begriffsbildung
– Schulung der Reaktionsschnelligkeit

Spielvoraussetzungen
–

Spielerklärung
Die Kinder stellen sich im Kreis auf. Die Spielleiterin erläutert anhand eines Beispiels die Spielidee. Mit dem Zuwerfen des Balls zu einem anderen Kind sagt der Werfer den ersten Teil eine zusammengesetzten Weihnachtswortes, z.B. Tannen-baum, Nuss-knacker, Advents-kranz, Weihnachts-keks, Christ-kind, Schnee-ball. Der Fänger ergänzt den zweiten Wortteil und darf beim Werfen einen neuen Wortteil sagen.

Spieltipp
– Wenn den Kindern die Wörter fehlen, unterstützt die Spielleiterin einfühlsam.

Spielvariante
– Für andere Anlässe oder Jahreszeiten ist dieses Spiel sehr gut abwandelbar.

95 Zungenbrecher

Alter der Kinder
4 – 6 Jahre

Gruppengröße
4 – 6 Kinder

Spielort
Beliebig

Spielzeit
10 Minuten

Spielmaterial
–

Spielidee
Die Kinder entwickeln Spaß am Artikulieren. Versprecher tragen zum Spielspaß bei, sie regen darüberhinaus zum Wiederholen an. Die Kinder werden angeleitet, selbst Zungenbrecher zu formulieren.

Spielziele
– Förderung der Sprachgeschicklichkeit
– Anregung der Fantasie

⇒ **Spielvoraussetzungen**
–

Spielerklärung
Die Kindergruppe sitzt zusammen. Die Spielleiterin erläutert in einer kleinen Einleitung den Begriff „Zungenbrecher". Sie gibt einen Satz vor und fordert die Kinder auf, diesen mehrfach nachzusprechen.

Spieltext
– Nils vom Nachbarhaus hat nachts die Nüsse zum Nikolaus gebracht.
– Der Weihnachtsmaus war während der Winterzeit wirklich warm.
– Der Hase holte Haselnüsse hinter dem Holunderbusch hervor.
– Von tief hängenden Tannenzweigen tropfen tauende Tröpfchen.

Spieltipp
– Die Spielleiterin kann durch gezielte Aufforderungen das Sprechtempo und damit den Schwierigkeitsgrad für die Kinder variieren. Ebenso kann die Anzahl der Wiederholungen vorgegeben werden.

Spielvariante
– Die Kinder denken sich selbst Zungenbrecher aus oder bringen ihnen bereits bekannte ein.

Literaturverzeichnis

- Flemming, Irene, Einfach anfangen, Mainz, 1992.
- Flemming, Irene, Theater ohne Rollenbuch, Mainz, 1994.
- Herdtweck, Waltraud, Die Rhythmikwerkstatt, München, 2003.
- Krempien, Christiane, Thiesen, Peter (Hrsg.), 50 Bildnerische Techniken, Weinheim, 2004.
- Hoffmann, Susanne, Kessler, Annette, Die schönsten Spiele für Geburtstagsfeste, Stuttgart, 2009.
- Hoffmann, Susanne, Kessler, Annette, Gemeinsam spielen wir uns stark, Donauwörth, 2008.
- Thiesen, Peter, Die gezielte Beschäftigung im Kindergarten, Freiburg, 1985.

Geschichte „So lange warten!"

Vor dem ersten Dezember bekam Tommy von seiner Oma ein tolles Geschenk: einen Adventskalender. Hinter jedem der 24 Türchen wartete eine leckere Überraschung auf Tommy. Am liebsten hätte er auf der Stelle alle Türchen aufgemacht. Er konnte es kaum erwarten. Aber seine Oma sagte: „Nur ein Türchen pro Tag!"
Jetzt hatte er erst fünf Türchen seines Adventskalenders öffnen dürfen. Und neunzehn waren noch zu! Warum dauerte das so lange? Was wohl hinter den geschlossenen Türchen noch alles zu finden war? Wenn die Tage doch nur ein bisschen schneller vergehen würden. Nach jedem Türchen musste man so lange warten, bis das nächste an der Reihe war. Ein Tag konnte so lang sein. Das war einfach gemein!

Warum öffnete er nicht einfach alle auf einmal – jetzt sofort und auf der Stelle? Dann wüsste er wenigstens, was sich hinter allen Türchen verbarg und er müsste sich nicht mehr die ganze Zeit den Kopf zerbrechen. Er spähte in den Flur hinaus. Seine Mama war gerade am Telefon. Vorsichtig schloss er die Tür. Jetzt gab es kein Halten mehr: Er griff nach dem Adventskalender und riss ein Türchen nach dem anderen auf. Er steckte sich die Schokolade in den Mund – war das lecker! Er verschlang Schokoladenstück für Schokoladenstück. Die Bildchen, die hinter den Türchen zum Vorschein gekommen waren, sah er nur kurz an: ein schön geschmückter Weihnachtsbaum, ein Schneemann, ein Adventskranz …

Gerade als er das letzte Türchen aufriss, klopfte es an der Tür. Mama streckte den Kopf ins Zimmer und fragte: „Tommy, möchtest du auch einen Tee?" Da entdeckte sie den Adventskalender. Ihre Augen wurden ganz groß: „Du hast schon alles aufgemacht?! Es sind doch noch fast drei Wochen bis Weihnachten!"
Tommy fiel keine Antwort ein. In seinem Bauch rumorte es – so viel Schokolade hatte er gegessen.
Er legte den Adventskalender auf die Seite.
Den brauchte er jetzt nicht mehr. Er hätte ihn genauso gut in den Papierkorb werfen können. Womit sollte er sich denn jetzt bis Weihnachten die Zeit vertreiben?

Ausmalbild „Wie lange dauert das noch?"

Stephan Sigg: Das Kirchenjahr im Kindergarten (er)leben. Vom Advent bis zu den Heiligen Drei Königen
© Auer Verlag GmbH, Donauwörth